AF497965

SEXE
JOVE

VITAE

SEXE JOVE

Francisca Molero

Pilar Ortega González
Marian Ponte González
Javier Pujols Martínez
Carme Sánchez Martín

Col·lecció: VITAE

SEXE JOVE
1.ª edició, 2008

© 2008 del text, Institut de Sexologia de Barcelona, SL
© ICG Marge, SL

Edita
Marge Books
València, 558, àtic 2.ª
08026 Barcelona (Espanya)
Tel. +34-932 449 130
Fax +34-932 310 865
www.marge.es

Director editorial: David Soler
Traducció al català: Maria Ginés
Producció editorial: Estela Serrano i Miquel Àngel Roig
Disseny editorial: Hèctor Soler
Col·laboració editorial: Lluïsa Ramos i Meritxell Graus
Il·lustracions interior: Daniel Estorach
Il·lustració coberta: Laura Ferracioli
Compaginació: Alfons Gràcia
Impressió: Novoprint (Sant Andreu de la Barca, Barcelona)

ISBN: 978-84-86684-95-2
Dipòsit Legal: B-

Índex

Pròleg 11
Introducció 15

Capítol I. Sexe i altres coses 19
Francisca Molero Rodríguez, Javier Pujols Martínez
   Sexe 19
   La pubertat 20
   La sexualitat 21
   L'erotisme 25
   Com et portes amb la teva sexualitat i el teu sexe? 28
   Parlem de papers 29
   L'orientació sexual 38

Capítol 2. El teu cos i el meu cos 41
Francisca Molero Rodríguez
   La higiene és atractiva 41
   La teva anatomia. Coneix com ets 43
   La teva fisiologia. Coneix com funciones 50
   La resposta sexual humana 56

Capítol 3. Sexualitat sana (sexe i salut) 65
Francisca Molero Rodríguez
   L'embaràs 65
   Mètodes anticonceptius 73
   Altres mètodes 85
   Malalties de transmissió sexual 91

Capítol 4. Amor i sexe 95
Pilar Ortega González
   Les emocions positives i l'enamorament 96

Habilitats per a enamorar   99
Clarifica la teva relació   105
Emocions negatives   107
De l'enamorament a l'amor   109
Deu recomanacions per mantenir viu l'amor   112

Capítol 5. La conducta sexual   115

Francisca Molero Rodríguez, Javier Pujols Martínez, Carme Sánchez Martín

Sexe en solitari i sexe compartit   115
Somnis i excitació sexual   116
Fantasies eroticosexuals   119
Els sentits   122
Les zones erògenes   127
La masturbació   129
«La primera vegada»   134
La sexualitat de les persones amb necessitats especials   136
Sexe oral   138
Sexe anal   142
Postures sexuals   143
Altres maneres de relacionar-se amb el sexe   149
Joguines eròtiques i alguna cosa més sobre afrodisíacs   153

Capítol 6. Dificultats amb el sexe?   155

Francisca Molero Rodríguez, Marian Ponte González

L'aprenentatge en el sexe   155
Quan sorgeixen dificultats   158
Parlant de les disfuncions sexuals   159
Parafílies sexuals   176
Parlem clar: com podem millorar la nostra sexualitat?   177
Sexe i drogues   178
Internet i la sexualitat   181

Annex I. Infeccions de transmissió sexual   183

Francisca Molero Rodríguez

Annex II. Llocs web d'interès   189

Carme Sánchez Martín

Dediquem aquest llibre a
Aida, Dani, Guille, Claudia, Sara, Gil,
Héctor, Alba, Lidia, Almudena, David,
Ana Irina, Roger, María, Rocío, Francisco Javier,
Andrea, Marta, Pau i...
a tots els joves i no tan joves
que formen part de les nostres vides.

Els autors

FRANCISCA MOLERO RODRÍGUEZ
Codirectora de l'Institut de Sexologia de Barcelona.
Presidenta de la Societat Catalana de Sexologia de l'Acadèmia de Ciències Mèdiques
    i de la Salut de Catalunya i Balears.
Coordinadora del Màster de Sexologia Clínica de la Universitat de Barcelona.
Llicenciada en Medicina i Cirurgia.
Màster en Sexologia i Teràpia Integradora.
Màster en Biopatologia de la Dona i Ginecologia Preventiva.

PILAR ORTEGA GONZÁLEZ
Psicòloga de l'Institut de Sexologia de Barcelona.
Màster en Sexologia i Teràpia Integradora.

MARIAN PONTE GONZÁLEZ
Psicòloga de l'Institut de Sexologia de Barcelona.
Màster en Sexologia i Teràpia Integradora.

JAVIER PUJOLS MARTÍNEZ
Codirector de l'Institut de Sexologia de Barcelona.
Membre de la junta directiva de l'Associació de Planificació Familiar de Catalunya
    i Balears.
Coordinador del Màster de Sexologia Clínica de la Universitat de Barcelona.
Psicòleg especialista en Psicologia Clínica.

CARME SÁNCHEZ MARTÍN
Codirectora de l'Institut de Sexologia de Barcelona.
Coordinadora del Màster de Sexologia Clínica de la Universitat de Barcelona.
Llicenciada en Psicologia.

L'Institut de Sexologia de Barcelona és un centre de referència en teràpia sexual, teràpia de parella i educació i orientació sexual.
www.insexbc.com

Pròleg

Mai abans la humanitat va comptar amb tants canals d'informació i tant bagatge informatiu. És aclaparador. Arriba amb i sense voluntat a través de tots els mitjans i amb el suport de les noves tecnologies, la televisió, la ràdio, la premsa... Hi ha una facilitat increïble per accedir a la informació, interioritzar-la sense sentit crític i assumir-la com a veraç. En aquest aparador informatiu la sexualitat ocupa gran part de l'espai i no menys preocupació, sense que aquest fet garanteixi el rigor que requereix. No obstant això, és molta la informació correcta sobre aquesta matèria.

Malgrat tot, els riscs associats a l'activitat sexual, lluny de desaparèixer, semblen perpetuar-se. Els embarassos no desitjats i les infeccions de transmissió sexual, entre elles la pandèmia de la sida, davant la qual tothom és vulnerable, són arguments esgrimits des de les dues ideologies dominants per llançar els seus missatges respectius a la joventut: «absteniu-vos de tenir relacions sexuals» o «protegiu-vos en les vostres relacions sexuals».

Però aquests no són els únics missatges que reben les i els joves d'avui. La nostra societat encara continua tractant de manera diferent els homes i les dones, i en el món de la sexualitat reprodueix diferències encara més notables. Així, el que és bo per als nois (quantes més parelles i major nombre de relacions sexuals molt millor...) és dolent per a les noies i viceversa, el que és bo per a elles (poder mostrar sentiments com la sensibilitat, la tendresa, la tristesa a través del plor o l'afecte amb la proximitat, el contacte, els gestos i les expressions) no ho és per a ells. A més, l'incompliment d'aquestes normes no escrites gairebé sempre comporta alguna sanció, ja sigui des del món dels adults o del dels joves mateixos.

També, les estratègies de venda utilitzades per massa empreses converteixen la sexualitat en un objecte de consum més, i els mitjans de comunicació estan plagats de sobreestímuls sexuals que proposen models de bellesa extremadament rígids i gairebé impossibles d'aconseguir, sobretot per a les noies, i que generen expectatives falses pel que fa a les relacions socials, interpersonals i sexuals.

No és d'estranyar que aquests problemes es repeteixin en una societat que comet els mateixos errors, creant normes arbitràries, contradictòries i desequilibrades sobre les actituds, els desigs i les conductes de la gent, que actua amb el mateix tabú i afegeix nous mites als vells. Afortunadament, iniciatives des de la il·lusió, com les dels qui han editat SEXE JOVE, proporcionen una mica de llum a aquest «excés» informatiu actual.

Aquest llibre és un instrument que ajudarà nois i noies, adolescents i joves, i també als no tan joves, a afrontar la seva sexualitat, les seves relacions sexuals i interpersonals amb seguretat, de manera plaent i satisfactòria. A més d'aportar-los informació específica sobre com funciona el seu cos, els proporciona eines valuoses per viure la sexualitat d'una manera plena, sense necessitat d'arriscar la seva salut ni la dels altres. Constitueix una ajuda per procurar-se el benestar a través de la gestió de les pròpies emocions. Així mateix, s'hi fomenta el respecte per l'altra persona i la tolerància davant d'aquesta realitat que constitueix l'ampli ventall de possibilitats sobre l'orientació del desig, les conductes sexuals, l'obtenció del plaer, les fantasies... pròpies de la sexualitat humana.

A les pàgines d'aquest llibre hi ha consells per evitar aquests riscs associats a l'activitat sexual i per enriquir la vivència de la sexualitat, però, a més, s'aborden situacions quotidianes i diverses formes de resolució de conflictes personals o de parella.

Aquesta és una obra rigorosa, sense embuts, que abasta pràcticament tots els centres d'interès de qualsevol jove, com els aspectes físics, els emocionals i els relacionals, els conflictes, els mites, les vivències del plaer... Està escrita amb admirable senzillesa, amb un llenguatge clar i proper que convida a la lectura, fruit de l'experiència que dóna la formació específica en sexualitat i els anys de treball de l'equip de professionals autors de SEXE JOVE.

VICENTE BARRAGÁN GÓMEZ-CORONADO
Llicenciat en Medicina
Màster en Sexualitat Humana
Vicepresident de l'Asoc. de Planificación Familiar de Extremadura
Vocal de la Federación Española de Planificación Familiar

Introducció

S'han escrit molts llibres sobre sexualitat. Alguns dirigits a adults, d'altres a dones, a homes, a parelles joves... Uns parlen dels aspectes generals de la sexualitat i altres responen a preguntes que, suposadament, interessen al col·lectiu al qual van dirigits.

És indiscutible que parlar, llegir o escoltar sobre temes que tracten de la sexualitat sempre desperta el nostre interès.

Aquest interès es manifesta en els rius de tinta que s'han escrit sobre el sexe. Està present en «totes les converses interessants», en les cançons, en les pel·lícules... Sempre i en tots els temps. Hi ha pel·lícules que ja són clàssics del cinema com *El graduat, Nou setmanes i mitja,* –l'escena de l'*strip-tease*– *Ghost* –l'escena en la qual treballen l'argila– o *Instint bàsic* –l'escena del creuament de cames–. Unes altres, més recentment, continuen destacant per la seva visió de la sexualitat, com ara *Juegos salvajes, Intencions cruels* o *Hicht.* I si parlem de cançons, la majoria tenen a veure amb l'amor, l'enamorament i la sexualitat; algunes són més sexuals i altres més romàntiques, però gairebé sempre versen sobre el mateix tema: des de *Lucía* de Joan Manuel Serrat, *Girl* dels Beatles o *Every breath you Take* de Police, i gairebé tota la discografia de Sabina, o les emblemàtiques interpretacions de Madonna, Shakira, Alejandro Sanz... o de grups com El sueño de Morfeo, La 5.ª estación, o RBD, per anomenar-ne només alguns. Alguns d'aquests títols i artistes et resultaran més suggerents que d'altres, perquè segur que tu ja tens els teus.

Potser sigui perquè parlar de sexualitat és parlar d'activitat sexual, enamorament, amor, erotisme, desamor, dolor... en fi, de la vida, i creiem que sempre hi ha alguna cosa que podem aprendre o que ens pot sorprendre, «la morbositat ens atrau».

Els autors d'aquest llibre hem col·laborat amb la il·lusió de transmetre't els nostres coneixements; et parlem des de l'experiència del treball amb persones com tu, joves als quals portem anys escoltant i atenent, i dels quals també hem après molt. Hem volgut escriure un llibre que et serveixi especialment, que puguis utilitzar en la teva vida sexual quotidiana, i que t'ajudi a millorar-la i gaudir-la. Que t'expliqui, de manera senzilla però completa, aquells aspectes del sexe que desconeixes o et preocupen. El nostre desig és que t'ajudi a clarificar els dubtes, que t'ofereixi tota la informació que necessites per a la teva vida, confiant que sabràs utilitzar-la.

Aquest llibre parla de sexualitat, de la teva i la de tots. Aquesta sexualitat que ens fa sentir bé, que ens ensenya a compartir, que ens ajuda a formar-nos com a persones i a desenvolupar la intel·ligència per estimar i ser estimat.

Les persones som el resultat d'un tot. Els nostres gens són importants, però també ho és el nostre entorn: la família, els amics, el barri i, és clar, com hem interioritzat tot el que ens ha passat i tot el que hem viscut. La nostra sexualitat és l'essència de tot plegat. Moltíssimes vegades reaccionem sexualment de la mateixa manera que actuem en altres situacions de la nostra vida –amb impulsivitat, culpa o por–. Reconèixer i buscar solucions per als nostres problemes sexuals ens ajudarà a desenvolupar-nos millor com a éssers humans.

Francisca Molero Rodríguez

SEXE
JOVE

Capítol 1
Sexe i altres coses...

Sexe, sexualitat, sensualitat, erotisme... són paraules que has sentit un milió de vegades. Però segur que si et pregunten què signifiquen et posaran en un compromís.

Per començar a entendre'ns en parlarem una mica. Si penses que això ja t'ho saps i estàs temptat a saltar-te aquestes pàgines, et garantim que serà com si et perdessis els entrenaments abans de jugar un partit.

Sexe

El sexe fa referència al conjunt de característiques biològiques que ens defineixen, com a homes o com a dones, de la mateixa manera que passa amb els animals, mascles i femelles. Més endavant en descobrirem els matisos.

Com ja saps, la unió d'un espermatozoide i d'un òvul produeix un embrió que es desenvoluparà en l'úter femení i del qual en naixerà un nen o una nena, fet que dependrà del cromosoma (X o Y) que aporti l'home (la dona sempre aporta l'X). L'embrió que en resulti conté la meitat de material genètic de cada progenitor.

Els cromosomes sexuals (XX o XY) són els encarregats de la diferenciació sexual i psicosexual. Determinen quin és el moment oportú perquè es formin els testicles o els ovaris.

Les persones tenim, a més, un *sexe social* o *fenotípic,* que s'estableix en néixer quan ens miren els genitals. Si el bebè té vulva és nena i si té penis i testicles és nen; no obstant això, en l'1 % dels casos apareixen alteracions que dificulten aquesta classificació.

La pubertat

En la pubertat el sistema nerviós central recull informació sobre l'estat de maduresa que té el teu cos i, si la considera adequada, activa l'eix hormonal. Així, els testicles i els ovaris produeixen aleshores les hormones sexuals que calen perquè apareguin els caràcters sexuals secundaris: el creixement dels genitals femenins i masculins, el desenvolupament del pit, la menstruació, la nou del coll, el pèl moixí... És com si tinguéssim un rellotge biològic capaç de registrar el pas del temps i decidir per ell mateix en quin moment s'engega.

L'edat de l'inici de la pubertat és molt variable i depèn de molts factors: l'alimentació, el pes corporal, el clima del lloc on visquis, la teva càrrega genètica o l'estrès i l'exercici físic que realitzis, entre d'altres. Tenir un pes adequat és essencial; això explica perquè a les noies

---

Cèl·lula sexual masculina = espermatozoide.
Cèl·lula sexual femenina = òvul.
Noi = 44XY cromosomes. / Noia = 44XX hormones.

Els **testicles** són les gònades masculines i els **ovaris** les gònades femenines. És el sexe gonadal.

El nucli de l'òvul conté 22 cromosomes més un cromosoma sexual X (22X). El nucli de l'espermatozoide també en conté 22, però el seu cromosoma sexual pot ser X o Y (22X o 22Y).

Després que l'espermatozoide penetri a l'interior de l'òvul té lloc una fusió dels nuclis femení i masculí. Aquesta fusió produirà una nova cèl·lula amb 44X cromosomes (una nena) o una cèl·lula amb 44XY (un nen).

Totes les cèl·lules tenen l'herència genètica de tots dos progenitors. Totes les cèl·lules de l'organisme tenen 46 cromosomes, excepte les cèl·lules germinals, que només en tenen 23. El motiu és senzill: 23 cromosomes provenen de l'òvul i 23 de l'espermatozoide, de manera que en fusionar-se en resulten 46.

que pateixen anorèxia i perden pes els desapareix la menstruació.

Tot això passa en l'adolescència. Aquesta etapa d'**explosió de tot allò relacionat amb els òrgans genitals i de la pròpia sexualitat**. Aquest període de canvis ràpids té a veure amb el teu cos, però també amb el que penses i sents, i amb com et relaciones amb el món que t'envolta. Aquests anys en els quals penses que només t'entenen els teus amics.

Els canvis externs es veuen: la teva imatge corporal sembla que sigui el més important i et preocupa molt com et veuen els teus companys. Saps que hi ha una intensa relació entre l'atractiu físic i l'acceptació social.

I els canvis interns? L'aparició del flux vaginal en les noies, les pol·lucions i les ereccions nocturnes en els nois, i els desigs, les incerteses, l'angoixa, la inquietud, la il·lusió... tant en els uns com en les altres.

I què hem de dir de la família? Sembla com si, de sobte, tots s'haguessin posat d'acord per a no comprendre't, recriminar-te constantment les coses i organitzar-te la vida. No s'adonen que ja no ets el/la seu/va petit/a.

Apareixen les discussions, els disgustos, la negociació, els pactes: «a tal hora a casa», «amb qui vas?», «arregla l'habitació», «ajuda a casa»... Sort dels amics i les amigues. Amb ells fas confidències, fas d'intermediari/ària en els conflictes... Cada vegada t'hi mous més bé. Estàs desenvolupant les teves habilitats socials!

Els estudis són un punt i a part. T'has d'esforçar més per a concentrar-te, tots et diuen que són uns anys clau, que és important estudiar, que tindràs millors possibilitats per triar, però a tu, ara, no et semblen tan importants. I encara que ho dubtis, després el temps els donarà la raó.

En definitiva, estàs adquirint la teva pròpia responsabilitat social i personal. I a més de tot això, has d'aprendre a resoldre la teva sexualitat!

La sexualitat

Tot i que no és fàcil definir-la, sabem que és una dimensió fonamental de l'ésser humà, que és l'experiència del sexe, però que no solament té a veure amb la reproducció, sinó que s'experimenta o s'expressa en forma de pensaments, fantasies, desigs, creences, actituds, valors, activitats, pràctiques, funcions i relacions.

La sexualitat és una capacitat que tots tenim i que podem desenvolupar amb exercicis de teoria i de pràctica. També podríem dir que és el resultat de la interacció del que som: la nostra biologia, psicologia, cultura, ètica... És nostra, ens fa gaudir i, en ocasions, ens agrada compartir-la.

La sexualitat neix i mor amb nosaltres i l'experimentem de manera diferent segons l'edat. No és el mateix quan es té un any que quan se'n tenen quinze, trenta, cinquanta o vuitanta, però sempre és amb nosaltres.

Ho has vist moltes vegades: el/la teu/va germà/ana, quan era bebè, somreia quan es banyava i l'aigua li tocava els genitals. Al voltant dels dos anys comença la curiositat per conèixer el propi cos incloent-hi, és clar, els genitals, i segur que tu també te'ls tocaves encara que et renyessin. Ho feies perquè et feia sentir bé.

Entre els quatre i els cinc anys apareix la curiositat pel cos de l'altre sexe. Recordes quan al parvulari t'interessava conèixer com era el cos de la Vanessa i per què era diferent al del Raül? Tan diferent o tan igual al teu.

Als sis o set anys ja es coneixen les diferències físiques entre els dos sexes. Potser et tapaves amb una tovallola als vestuaris: no volies ensenyar. Així i tot, l'experimentació sexual apareixia de manera constant, en els jocs de contacte que realitzaves amb membres del mateix i de l'altre sexe.

Ara, el que t'interessa és la teva sexualitat. L'exploració conscient del teu cos, les teves necessitats sensuals i sexuals, la recerca de l'excitació sexual i, probablement, l'orgasme. Els nois identifiquen ràpidament l'orgasme amb l'ejaculació; les noies, en canvi, de vegades no saben si el tenen o si l'han tingut. En aquest cas, és important l'exploració a través de la masturbació per comprovar com funciona la resposta sexual pròpia. En tot cas, recorda que el comportament sexual de la primera adolescència és més social que no pas un autèntic desig sexual.

El joc amorós és una pràctica que facilita l'aprenentatge sexual.

En aquests períodes s'acostumen a practicar les primeres masturbacions com a forma d'experimentació sexual, d'autoconeixement i com a vàlvula d'escapament de tensions, solitud i estrès. També comença l'aprenentatge sobre les habilitats socials necessàries per a les relacions romàntiques, els balls i les festes. Apareixen sovint imatges i fantasies amb aquella persona que s'apropia dels teus somnis, i una frase d'una cançó o una pel·lícula te l'evoca, te la imagines i la sents.

I si tens sort i et corresponen, quan estàs amb aquesta persona t'agrada tocar-la, jugar-hi, besar-la, acaronar-la, veure com s'excita... i que ella o ell faci el mateix amb tu. Això ha rebut molts noms: enrollar-se, muntar-s'ho, refregar-se... i també *petting,*[1] en anglès.

Aquest **joc amorós** i la masturbació mútua són les pràctiques sexuals més freqüents entre els adolescents. La majoria dels nois i les noies

---

[1] *Peeting* és una expressió en anglès procedent del verb *to pet*, que fa referència al fet d'acariciar, agombolar, petonejar... Encara que en relacions sexuals pot ser usat en un sentit ampli, el *peeting* és un intercanvi de mostres d'afecte, un joc amorós i plaent en el qual tot és permès, excepte el coit.

mantenen aquestes pràctiques sense arribar al coit fins als setze o disset anys. És una llàstima que esdevinguin menys habituals amb l'edat perquè el joc i els preliminars constitueixen l'èxit de qualsevol activitat sexual.

En alguns casos es poden tenir experiències amb persones del mateix sexe, la qual cosa no significa necessàriament que aquestes persones seran homosexuals en el futur. En aquesta etapa s'uneixen la companyonia, la complicitat, la seguretat del que és com tu, l'experimentació, la curiositat, la intimitat, el compartir i l'explosió de la sexualitat, per això no és infreqüent que et sentis atret per aquesta persona que t'és tan íntima.

Pel que fa a les relacions sexuals coitals, seran plaents i gratificants quan es produeixin en el moment adequat. Perquè puguis gaudir de la teva sexualitat has de conèixer com funciona i aprendre a desenvolupar-la. Vés a poc a poc, assimila allò que aprenguis i practica, sense deixar passar cap etapa; totes serveixen, encara que de vegades tinguis pressa i els teus amics et diguin entre rialletes que «l'únic important és el que és important», referint-se al coit, a la penetració.

La sexualitat quedaria molt limitada si consistís només en la penetració. On quedarien els petons, les carícies, les paraules, els sentiments, la màgia i el desig...? Com en d'altres aprenentatges, no podrem dividir si abans no sabem sumar i restar, o no aconseguirem llegir si primer no coneixem les lletres de l'abecedari.

Normalment gaudeixes i et sents bé quan t'acaricies el cos i els genitals, quan penses en aquella noia o en aquell noi que t'agrada, quan el teu cos i la teva ment reaccionen. També gaudeixes quan estàs amb aquesta persona especial i tots dos sentiu un desig mutu i voleu compartir-lo. El problema apareix quan després et sents culpable, perquè penses que has fet alguna cosa mal feta o estàs preocupat/da per no haver pres les mesures necessàries; aleshores t'adones que se't retarda la regla, o comences a pensar que en realitat no valia la pena perquè aquesta persona no t'agradava tant. En aquests casos, una activitat sexual duta a terme a fi de gaudir i compartir es converteix en una situació d'ansietat i de preocupació. A partir d'aleshores, si ho has passat molt malament, evites qualsevol activitat sexual, o si les tens sovint, no les gaudeixes, i pots acabar relacionant la sexualitat amb una cosa negativa de la qual no pots parlar, i sembrar amb això la llavor de futures disfuncions sexuals.

Sortosament, cada vegada es parla amb més sinceritat i més naturalitat del sexe, i se li treu aquest vel de misteri i de vergonya que ha tingut durant molt de temps. I el més important és que gran part de la societat ha començat a acceptar el sexe com un element generador de plaer i d'emocions positives.

Tal com va dir l'autor teatral Dario Fo, l'important és «que tinguem el sexe en pau, que ens coneguem bé i que fem el sexe bé».

L'erotisme

És un sentiment d'amor sensual, «difícil de definir i fàcil de reconèixer». Potser aquesta és la millor definició d'erotisme que existeix.

L'erotisme es relaciona amb la sensualitat, els sentits i l'enriquiment de les relacions sexuals; també amb les diferents èpoques socials, la cultura o l'estètica.

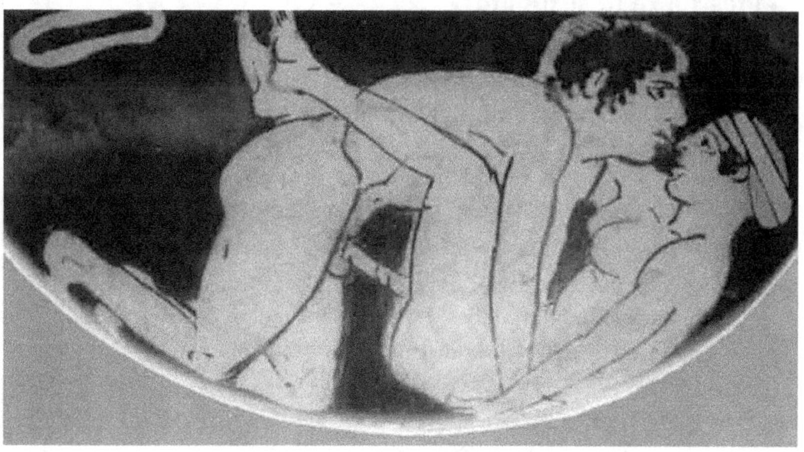

L'erotisme ha estat present a totes les cultures de la humanitat.

Aquesta mirada, aquest somriure, aquesta intenció, aquesta samarreta amb l'espatlla caiguda, aquest insinuar... el que és prohibit? Allò que sembla que només és per a tu?

Pensa un moment què és per a tu l'erotisme. Potser que t'ajudi pensar en allò que et produeix un pessigolleig, un pensament sexual, una erecció... allò que s'insinua, el sí, però no del tot...

Quines escenes o imatges recordes de les últimes pel·lícules que has vist? I quins llibres o quines cançons?

Alguns dels nostres sentits estan més desenvolupats que d'altres i hi ha grans diferències entre les persones. Tots tenim un amic/ga que distingeix a la primera la colònia que fas servir, i tots coneixem algú a qui li agrada tocar els altres.

A la nostra societat, el pensament i la raó són molt importants per desenvolupar-se i relacionar-se; així i tot, per a pensar i raonar calen els sentits perquè són els que recullen la informació de l'exterior i, de fet, les nostres actuacions depenen de com analitzem aquesta informació. Si ens faltés un dels sentits, normalment un altre o uns altres es desenvoluparien més per fer més petita aquesta mancança.

Mites sobre la sexualitat

Gaudir d'una sexualitat sana i adequada a cada etapa de la vida és bàsic per al desenvolupament equilibrat de la persona. La informació, la responsabilitat i el fet de no sentir-te culpable t'hi ajudaran.

Passar-s'ho bé és lícit i tens dret a gaudir del plaer i el benestar que et proporciona la teva sexualitat, si amb ella no perjudiques una altra persona. Això no obstant, hi ha alguns mites respecte a la sexualitat que poden jugar contra teu si no n'ets conscient.

- **El sentiment de culpabilitat.** Sentir-se culpable davant la pròpia sexualitat no és un fet infreqüent. Moltes vegades, sense saber per què, ens sentim avergonyits, bruts, estranys, viciosos... Aquests sentiments no són bons per al desenvolupament personal i sexual. Recorda que som persones sexuals i que expressar la sensualitat ens ajuda a sentir-nos millor amb nosaltres mateixos i amb els altres.

- **La por és enemiga de la sexualitat.** La por al fracàs en una relació amb

Podem descobrir
l'erotisme a les situacions
i les activitats diàries més
comuns.

Però la realitat és que els nostres sentits poden perdre qualitats si la majoria de les vegades no som conscients que els estem utilitzant.

Tot i que hi ha una manera molt senzilla de potenciar els sentits; només cal ser conscient del fet que s'estan usant: observa bé els colors,

---

una altra persona per no saber com actuar, la por a descobrir la teva sexualitat o la por a expressar sentiments provoquen inseguretat i malestar, impedint que et relacionis de forma adequada amb els altres.

- ***Pensar que perquè t'agrada el sexe ets un pervertit o et convertiràs en un addicte sexual.*** Com en totes les coses de la vida, el sentit comú és fonamental. És habitual que durant els anys d'adolescència l'impuls sexual sigui fort i que sovint tinguis ganes de practicar activitat sexual. L'addicció al sexe és una altra cosa, és una malaltia que impedeix que la persona tingui la vida que vol perquè busca sexe contínuament, en qualsevol situació i amb qui sigui.

- ***Pensar que els nois «sempre volen el mateix: sexe» i les noies sempre «volen amor».*** Les coses estan canviant, per sort, i a les noies els agrada el sexe com als nois i als nois els agrada enamorar-se com a les noies. Hi ha moments a la vida per a tot, per al sexe sense amor i per a l'amor amb sexe.

gaudeix intensament del gust de la xocolata, nota la suavitat amb la qual el vent et frega la galta... i tot el que puguis imaginar.

Com et va amb la teva sexualitat i el sexe?

Per acabar aquest apartat et proposo un exercici senzill. Agafa paper i llapis i defineix amb només tres paraules com és la teva sexualitat. Relaxa't i no pensis en res; escriu el primer que se t'acudeixi.

Ja ho tens? Reflexiona sobre les paraules que has escrit. Són paraules positives o negatives? Què signifiquen per a tu?

Si són positives, enhorabona. Potser són alguna d'aquestes: bona, satisfactòria, molt divertida, apassionant, dolça...

Si són negatives com: fàstic, vergonya, oculta, fracàs, no en tinc... És possible que tinguin a veure amb el fet que et sents culpable per practicar i viure la sexualitat? Tens por de «no ser normal», o que t'atrapin fent alguna cosa?

Perquè la teva sexualitat es desenvolupi de manera sana has de reivindicar el teu dret a la intimitat. De vegades, pot semblar que tenir confiança amb la família o amb altres persones és no tenir espai per a la teva intimitat. En canvi, és important que puguis tancar la porta de la teva habitació, que et demanin permís per entrar, tenir un pestell en el bany. És saludable que cada membre de la família tingui el seu espai propi, espais d'intimitat que els altres han de conèixer i respectar.

Sabies que...?

- Inicialment, tots els elements de l'aparell reproductor humà són bisexuals. La **diferenciació del sexe masculí o femení** comença a l'octava setmana de vida embrionària, com a conseqüència de la presència o l'absència d'una hormona masculina: la testosterona. Si hi ha testosterona, el fetus evolucionarà fins a convertir-se en un nen; si no n'hi ha, naixerà una nena.
- Les **hormones sexuals** no solament actuen en la formació dels genitals sinó també en el cervell; això podria explicar, en part, les diferències de comportament sexual i reproductiu dels homes i de les dones.

En la reivindicació de la teva intimitat, de vegades pots tenir actituds que sorprenen els altres. Ens referim a aquesta actitud sobtada de tapar-te amb una tovallola si algú entra a la dutxa, perquè no vols que et vegin despullat/da. A tu, que t'encantava que et dutxessin i et refreguessin l'esquena. Tu, que has vist despullats els teus pares i germans, com una cosa absolutament normal, de sobte sents «pudor», t'avergonyeixes de què et vegin despullat/ada perquè el teu cos ha canviat i n'ets conscient. Amb els anys, aquest pudor desapareix i recuperes el sentit natural i normal de la nuesa.

Parlem de rols

Què és ser home avui?

En una ocasió, en un grup d'amics algú afirmava: «Per a ser un home se n'ha de ser de debò». Segur que has sentit frases semblants alguna vegada.

Què significa per als joves d'avui *ser un home?* Què es vol dir amb què *se n'ha de ser de debò?* Segons sembla, en el passat no calien explicacions i tots els membres del grup ho entenien. Però, era realment així?

Durant molts segles s'ha transmès un concepte deformat del que significa «ser home». S'associava amb conductes autoritàries i amb un aspecte físic basat en la força, la competitivitat, la jerarquia, el poder, la seguretat i el paper de protector. L'home era el que mantenia la família, el que dictava les normes i les feia complir, era el *tipus dur* a qui no afectaven les emocions ni les expressava.

En els últims temps això ha canviat. Es tendeix cap a una major igualtat entre l'home i la dona i es qüestiona aquest fals concepte de masculinitat. Encara hi ha sectors socials (alguns empresaris, publicistes, actors, polítics, militars o religiosos, entre d'altres) que influeixen per mantenir per damunt d'altres aquella forma de manifestar el que és «mascle»; però la veritat és que la majoria d'homes la viuen de manera distinta.

Tal com passa amb tot el que suposi canviar coses essencials de la vida, quan es critiquen els models tradicionals d'home i de dona sorgeixen les resistències, les pors, els dubtes, els retrocessos..., fins que els avantatges del canvi s'entenen i aquest es consolida.

Als homes de més edat, educats en famílies que transmetien aquella idea de masculinitat, els és difícil canviar i alguns s'aferren a allò que coneixen i els dóna més seguretat. Les generacions joves són les que més han evolucionat, perquè han crescut en entorns familiars amb una relació entre sexes més igualitària i, a més, estan influïdes per nombrosos referents socials i professionals i pels mitjans de comunicació.

Imagina't una escena amb el teu avi assegut al costat del teu pare i a aquest, dret al teu costat. Aquesta imatge provocaria en cada un de vosaltres emocions i valoracions diferents sobre aquestes tres generacions. De la mateixa manera, el teu pare i el teu avi han pensat de forma diferent sobre el que significa ser home, la qual cosa implica la masculinitat i els canvis socials i personals que han conduït al model actual. Valora tu mateix si és important o no el canvi que s'ha produït.

Pensa en grups de joves que coneguis: *skins*, immigrants musulmans, *punkis*, pijos, *gais* amb ploma o sense, progres, metrosexuals, llatins... i recorda quines imatges transmeten del que seria una home. Creus que són les autèntiques? T'identifiques amb alguna?

Segurament arribaràs a la conclusió que ja no té sentit definir d'una única manera concreta el que és «ser un home», perquè el que realment importa per a ser-ho és el que cadascú pensa i sent com a persona, que sempre és el resultat de les vivències, l'educació i les experiències acumulades, de tot el que va forjant el teu paper.

Pertànyer a un grup social proporciona la identitat que necessitem per formar molts aspectes de la nostra personalitat, en particular, la nostra identitat de gènere com a homes.

La masculinitat no la determina un únic prototip d'imatge física. Alguns homes cuiden més que d'altres la seva aparença, per exemple, però això només té a veure amb l'autoestima: et cuides per sentir-te bé. La masculinitat tampoc la determina la teva conducta: pots plorar,

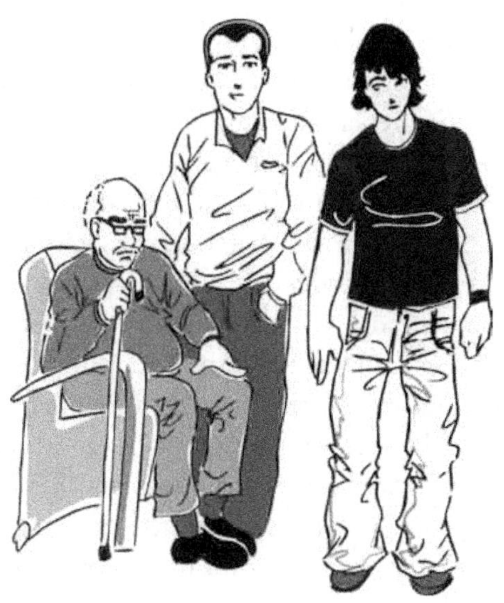

En només tres generacions, el significat de «ser home» ha canviat.

parlar de les teves coses personals i íntimes amb els altres, mostrar-te tendre i vulnerable, planxar, cuinar, respectar la teva parella i, potser algun dia, cuidar els teus fills... I, per descomptat, tampoc no té res a veure amb les teves preferències quan tries parella o comparteixes experiències sexuals, és a dir, si esculls a persones del teu sexe o de l'altre.

Probablement, cada membre del grup d'amics de què parlàvem a l'inici d'aquest apartat, tenia la seva opinió respecte al que significava sentir-se home. Potser hi havia un cert consens; encara que també és possible que qui digués la frase intentés imposar el seu model o que més d'un no gosés qüestionar-lo perquè tenia dubtes o per no discrepar i evitar un debat que generés tensió i incertesa sobre la seva masculinitat.

Un canvi tan important com el que s'ha experimentat en aquesta qüestió pot generar situacions tenses i ser difícil de comentar, fins i tot entre amics.

D'altra banda, els mitjans de comunicació emeten missatges contradictoris: imatges de tipus durs i superherois, de personatges febles i derrotats, d'homes sensibles, d'homes homosexuals...; i entre els diferents àmbits socials (l'escola, la família, els col·lectius religiosos, etc.) cada tipologia d'home pot generar acceptació o rebuig.

Aquesta diversitat de criteris no és negativa, ja que afavoreix que les persones ens formem una idea pròpia i, alhora, manifesta la pluralitat que hem comentat. Encara que es tendeixi a definir un **model d'home** que sigui acceptat de forma col·lectiva, sabem que no ha de fer-se a costa de limitar, imposar o censurar les altres opcions.

A la nostra societat, cada vegada més multicultural, els costums i les creences de la població immigrant ens fan qüestionar alguns dels canvis produïts respecte al que és «ser home avui». Moltes famílies immigrants procedeixen de societats patriarcals, on l'home és el que pren decisions i té el poder econòmic i social, mentre que la dona és qui obeeix, cuida de la llar i dels fills i, encara que treballi fora de casa, sempre li està supeditada. Aquí, tanmateix, troben papers masculins i femenins que els sorprenen. En alguns casos els agrada, sobretot a les dones, mentre que molts homes els rebutgen perquè significa la pèrdua dels seus privilegis.

Alguns d'aquests homes i les seves famílies però, amb el pas del temps també canvien. Donen valor a compartir la vida amb la seva parella, a gaudir dels fills i planejar projectes comuns, entre moltes altres possibilitats. Aquest canvi ja no té marxa enrere, la nostra societat avança cap a la igualtat entre l'home i la dona.

El nou model de masculinitat

Si haguéssim de definir el prototip masculí actual, diríem que es tracta d'un individu que s'identifica amb el seu sexe biològic baró, jove o no tan jove, que ha incorporat elements d'altres cultures que identifiquen la masculinitat (com tatuatges, *piercings,* etc.), que s'ocupa del seu aspecte, que selecciona com es vesteix i que es relaciona i comunica amb els altres. Aquest home veu la dona com una persona amb la qual comparteix espais comuns com l'institut, la facultat, el treball, el carrer o els bars; li pot agradar l'art, la poesia, la cuina o la jardineria, i pot

Les feines de casa són un
àmbit compartit per l'home
i la dona.

expressar lliurement les seves idees i emocions, com la tendresa vers els infants, plorar veient una pel·lícula, dir que estima... En definitiva, és una persona que ha començat a incorporar en si mateix «allò femení».

Una variant de prototip masculí que compleix aquestes característiques seria un **metrosexual.** Aquesta paraula es relaciona amb «l'home que té coqueteria, que es cuida físicament en tots els aspectes»: vesteix roba de moda que li destaqui el físic, utilitza productes de bellesa per cuidar el seu aspecte (fins i tot pot recórrer a la cirurgia estètica), mira bé l'alimentació, practica alguna activitat esportiva de moda; és un model d'origen urbà, tot i que ja està estès en tots els àmbits. Pel que fa a la sexualitat, pensa a satisfer la parella i procura aprendre per aconseguir-ho; s'ocupa de les tasques de la llar per iniciativa pròpia, no per imposició o repartiment; fa de pare convençut i, sobretot, procura a través de l'estètica i la imatge fer ressaltar la seva part eròtica i seductora, fer goig per a ell mateix i per a les dones.

L'expressió dels sentiments, les emocions, la sensibilitat, la decisió, la valentia i moltes altres característiques que ens fan «persones» no són patrimoni de cap sexe en concret, sinó de l'espècie humana.

Què és ser dona avui?

Un grup d'amigues parlaven en un parc, gesticulaven, reien, es tocaven les unes a les altres fent broma... Cadascuna tenia un estil diferent de pentinat, una ensenyava el melic i mostrava un *piercing,* una altra duia uns pantalons texans que s'arrossegaven per terra i la que era al seu costat en portava uns d'estil pirata i s'havia posat sandàlies. Observar-les produïa satisfacció: emanaven alegria i sana complicitat. És això ser dona avui?

Ningú no dubta que el paper de la dona d'avui ha canviat respecte de les dècades passades. Tampoc no hi ha cap dubte que ara ser dona significa tenir més opcions que abans, i que les dones cada vegada es troben més a gust sent-ho.

Aquest és un dels grans canvis experimentats per la nostra societat. La humanitat ha aconseguit molts avenços científics i tecnològics que han suposat una gran millora de les seves condicions de vida; així i tot, potser la revolució de l'últim segle l'han duta a terme, i amb èxit, les dones, l'altra meitat de l'espècie humana que té el mateix dret que els homes a gaudir d'aquests avenços.

Fixa't en la imatge de la pàgina següent. Quins canvis s'han produït, oi?, en tan sols tres generacions.

És evident que no hi ha una única manera de ser dona i que s'ha dut a terme un procés similar al dels homes. Diversos factors hi han influït: una major presència de les dones en tots els sectors professionals, una preparació intel·lectual més gran, els mitjans de comunicació, la família, la incorporació a la nostra societat de dones immigrants que han aportat el seu concepte de ser dona...

Si haguéssim de descriure el **prototip femení actual,** podríem dir que es tracta d'una persona jove o no tan jove, que s'identifica amb el seu sexe biològic: femella; que s'ocupa del seu cos i de la seva imatge amb creativitat i incorpora estereotips tradicionalment atribuïts als homes, com els pantalons i el cabell curt; que decideix sobre la seva vida, estudia o treballa, o fins i tot totes dues coses alhora, i que, eventualment, es dedica plenament a criar els seus fills; que es mou amb

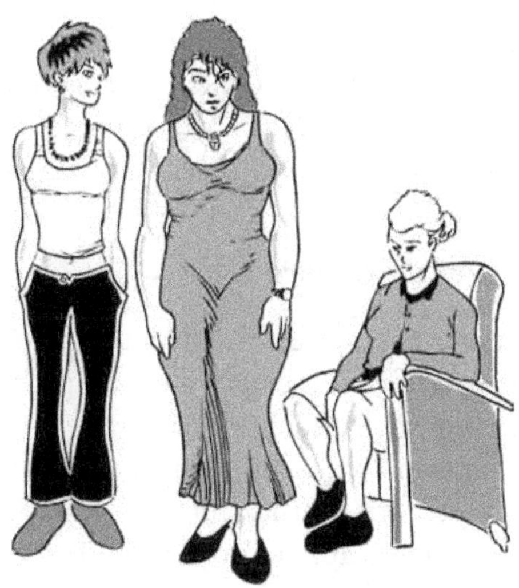

Tres generacions de dones han transformat les relacions socials amb l'home i han conquerit una posició d'igualtat a la societat.

llibertat en els espais públics; que se sent amb ple dret a gaudir de la seva sexualitat i a expressar-la sense ser jutjada; i que exigeix a la seva parella que la tracti d'igual a igual.

Normalment les dones immigrants joves, amb el temps, no tenen cap inconvenient a adoptar també aquest model femení; en canvi no passa el mateix amb les dones més grans, que solen mantenir els estereotips que van portar des de la seva procedència.

Altres models femenins que estan apareixent tendeixen a reproduir els antics esquemes masculins, en un afany de preservar els espais guanyats d'igualtat. En aquests, les dones es mostren competitives, agressives i dominants, i tracten de confirmar que són iguals i que mereixen els mateixos privilegis que tenien els homes. Les dones que ho assumeixen, en un principi creuen que aquest és el model que els permetrà l'èxit i la satisfacció personal, però després d'un temps, s'adonen que en realitat no és el que volien.

La dona d'avui continua evolucionant en el seu model femení, conscient que l'actual s'acosta cada vegada més al que busca. Vol la igualtat, conservar els aspectes que li són propis i aconseguir-ne d'altres del model masculí que també li resulten adequats. La seva recerca s'assembla molt a la de l'home. No en va, els homes i les dones som diferents en algunes coses, però en l'essencial som iguals.

Més sobre el rol de gènere

Algunes persones es comporten socialment de manera diferent a com correspondria al seu sexe. Pe exemple, un home pot sentir-se identificat amb el seu sexe biològic de baró (identitat sexual), però comportar-se (rol de gènere) amb un rol masculí clàssic (és autoritari, controlador...), amb un paper masculí modern (comparteix decisions i tasques amb la parella i la família...) o amb un rol femení (es preocupa i li agraden els petits detalls, demostra els seus sentiments...); i tot això amb independència de les seves conductes o preferències sexuals: heterosexual, homosexual o bisexual. El mateix passa amb les dones.

D'altres persones, si bé se senten identificades amb el seu sexe biològic, socialment poden acomplir un paper femení clàssic (mestressa de casa, cuidadora de la família i dels fills, sense vida pròpia...), un paper femení modern (treballa fora de casa, exigeix compartir decisions, tasques domèstiques i l'educació dels fills...) o un paper masculí, relacionat sobretot amb un comportament agressiu i competitiu.

Saber-ne més...

- *Identitat sexual.* És el sentiment que té una persona de ser un home o una dona, amb tots els seus matisos i independentment del seu sexe genètic o els seus genitals. Se sol formar cap als tres anys, moment en què ja es té una consciència clara de pertànyer al sexe masculí o al femení.

- *Identitat de gènere.* Les persones s'identifiquen amb el que la societat determina que és masculí o femení. És el resultat de components psicosocials, que inclouen:

Alguna cosa més sobre la identitat sexual

Tots hem vist en alguna ocasió criatures petites que insisteixen en ser nens quan en realitat són nenes, i nenes quan són nens. Encara que saben molt bé a quin sexe pertanyen prefereixen vestir-se amb robes del sexe contrari, jugar als seus jocs i tenir companys exclusivament de l'altre sexe. Aquests nens/es, quan arriben a l'adolescència i després a l'edat adulta, pot ser que manifestin el seu desig exprés de pertànyer a l'altre sexe i de ser tractats i considerats en conseqüència.

Són persones atrapades en un cos que senten que no els correspon. Això els produeix un malestar i un neguit permanents, rebutgen el seu cos, detesten els seus genitals i fins i tot pot ser que vulguin fer-los desaparèixer. A aquestes persones els anomenem **transsexuals.** Són individus que pateixen molt físicament i socialment i que busquen constantment la manera de tenir el cos al qual senten que pertanyen.

Les intervencions quirúrgiques a les quals han de sotmetre's per assolir el seu objectiu són molt doloroses. Malgrat tot, això no constitueix un obstacle i molts estan disposats a intentar-ho en el seu afany d'afirmar la seva identitat i de sentir-se complets.

L'orientació sexual

Coneixem bé el cas d'una família formada per la mare, el pare i un fill de dinou anys. Van trucar amb nerviosisme i una certa urgència

---

- La convicció bàsica de l'individu de sentir-se un baró o una femella (identitat sexual).
- El comportament que té aquesta persona segons el model (masculí o femení) que hagi adquirit (rol de gènere).
- La preferència de l'individu per formar parelles amb homes o amb dones (orientació sexual).

• *Rol de gènere.* Es refereix al comportament d'una persona davant la societat: les actituds i les activitats que demostra perquè se l'identifiqui com a home o com a dona.

a la consulta dels autors d'aquest llibre per assessorar-se respecte a un tema que el seu fill els havia revelat. T'imagines què els preocupava tant? En efecte, ho has encertat. El noi havia confessat als seus pares que era homosexual. Per la conversa es desprenia que es tractava d'una família unida, que s'estimaven i es tenien confiança. Hi havia comunicació entre ells i estaven oberts a escoltar tot el que es refereix a temes sexuals. Van estar preguntant i vam procurar donar-los respostes «científiques» per frenar l'angoixa que sentien, però continuaven tenint molts dubtes. El que realment necessitaven saber, encara que no n'eren conscients, era que el seu fill no estava confós i que era del tot segur que tenia inclinació homosexual. En el fons, esperaven que fos una equivocació. A mesura que es desenvolupava l'entrevista i escoltaven les explicacions coherents del seu fill, els pares semblaven ser més conscients de la realitat. Aleshores, van preguntar sobre quina era la causa i sobre el possible tractament. També van començar a dubtar sobre si ells n'eren els causants i si s'havien equivocat en educar-lo.

La resposta la va donar el fill mateix, que es va explicar així: «Des dels catorze anys vaig notar que m'atreien els nois. D'una banda, em resultava molt estrany, però per l'altra m'agradava. Al començament vaig tractar de treure-m'ho del cap, m'esforçava per fixar-me en les noies, però no sentia la mateixa atracció. Al final ho vaig acceptar, i ara estic enamorat d'un noi».

Saber-ne més...

• *Orientació sexual.* És la preferència en els sentiments amorosos, en el desig i l'atracció sexual cap a una persona del teu mateix sexe (orientació homosexual), del contrari (orientació heterosexual) o d'ambdós sexes (orientació bisexual).

— L'orientació sexual pot variar al llarg de la vida de les persones.
— Hi ha diverses teories que intenten explicar el perquè de les orientacions homo i bisexuals, però no hi ha un consens respecte a això en la comunitat científica. L'important és acceptar que totes les orienta-

Al final de l'entrevista tots estàvem més tranquils.

Desafortunadament, aquest cas no és el més habitual d'**homosexualitat masculina.** En moltes ocasions, per desconeixement, tabús, desinformació i la por al «què diran», les famílies reaccionen molt malament, oculten la qüestió, la marginen i la reprimeixen. En definitiva, es crea un clima de malestar i de dolor que no solament pateix la persona afectada, sinó tota la família.

Per abordar de manera adequada aquesta qüestió és fonamental la comunicació, el respecte, la tolerància i l'amor de tots els implicats.

Quan parlem d'orientació homosexual, no podem oblidar l'assetjament, la mofa i els comentaris malintencionats de què pot ser objecte qualsevol noi, sobretot els qui tenen conductes amanerades. Les reaccions de rebuig i d'escarni més cridaneres solen ocórrer en els grups grans, a escala individual i en grups petits d'amics sol existir més respecte i tolerància cap a la diversitat sexual.

En aquest sentit, l'**homosexualitat femenina** passa més desapercebuda. «A les noies lesbianes no se'ls nota res a primera vista, no es perceben, no es veuen...». Aquests comentaris són al carrer i demostren com ha estat d'oblidada la sexualitat femenina durant segles, com si no existís. Malgrat tot, les coses han canviat i la sexualitat femenina està reconeguda i cada vegada s'accepta més que una noia tingui relacions sexuals amb una altra noia.

---

cions sexuals són igual de vàlides i que han tingut lloc en tots els temps i en totes les cultures.

- Tenir conductes o fantasies homosexuals de forma puntual o amb certa regularitat en algun moment de la teva vida, sobretot en etapes d'experimentació com són la pubertat o l'adolescència, no determina quina és ni quina serà la teva orientació sexual definitiva.
- Els dubtes sobre l'orientació sexual són freqüents. En ocasions, pots experimentar dubtes malgrat tenir una conducta clarament definida. No confonguem les fantasies o els desigs que apareixen ocasionalment amb les preferències sexuals i l'orientació sexual.

En el reconeixement de la diversitat en l'orientació sexual han tingut un paper molt important els professionals d'aquesta especialitat i, sobretot, la reinvindicació liderada pel moviment gai-lesbianes, que porta anys lluitant perquè se'ls accepti amb normalitat.

Avui no és infreqüent veure en bars, restaurants, viatges... parelles homosexuals que exterioritzen aquesta condició sense cap pudor. Però encara hi ha qui ho continua amagant darrere relacions heterosexuals que acaben provocant situacions doloroses i conflictives.

És important que sàpigues que en determinades èpoques de la teva vida i, sobretot, durant l'adolescència, et pots sentir atret/a pel teu millor amic/ga o per una altra persona del teu mateix sexe. Això no significa que siguis homosexual, l'orientació sexual no la determina un fet aïllat.

També és possible que en algun moment de la teva vida hagis tingut dubtes sobre si ets o no **bisexual,** perquè puntualment t'hagis sentit atret per persones dels dos sexes.

La majoria de les persones, si ho acceptessin, serien bisexuals, ja que t'atrau o t'enamora una persona que et demostra atracció o afecte, que està per tu, que et demostra que l'importes... i això ho fa algú independentment de si és un home o una dona.

En qualsevol cas, quan un/a jove descobreix que té una orientació homosexual necessita temps per assumir-ho i, després, comunicar-ho a familiars i amics. En aquest procés és molt important l'opinió que tingui el/la jove de com valora aquesta qüestió el seu entorn. Les opinions tolerants facilitaran que pugui explicar-ho, mentre que les sensacions de rebuig ho dificultaran. En el segon cas, és probable que el/la jove es vegi empès a dur una vida plena de mentides i a crear un món paral·lel de relacions.

Algunes de les persones que durant anys s'han creat una vida paral·lela, actualment s'estan donant a conèixer tal com són en la realitat, gràcies al clima de tolerància que avui es respira.

Capítol 2
El teu cos i el meu cos

El coneixement del nostre cos és un factor clau per a la sexualitat. En aquest capítol parlarem de la higiene personal, de com cuidar i mimar el nostre cos, i coneixerem com funciona anatòmicament i fisiològicament. Després, explicarem amb detall les distintes fases de la resposta sexual humana.

La higiene es atractiva

La higiene corporal es relaciona amb el desenvolupament i els hàbits saludables. És una manera de cuidar el nostre cos, sentir-se millor i agradar més als altres.

En l'adolescència comences a ser conscient de la teva olor corporal; abans potser mai no te n'havies adonat, però ara fins i tot ho notes quan la teva habitació duu una estona tancada, o quan olores la teva roba i el teu cabell.

Sabies que...?

- Les **feromones** són substàncies químiques que se segreguen per atraure sexualment l'altre sexe. Sabem que les produeixen els animals i també els éssers humans. I cada vegada hi ha més perfums que les usen.
- En algunes ocasions, l'**olor corporal** o simplement el pensament que aquesta persona amb la que estàs duu moltes hores sense rentar-se, són motius que ens impedeixen iniciar o mantenir relacions sexuals.

L'olor corporal és única en cada persona, ja que té relació amb la genètica, amb el teu estat hormonal. Si ets una noia, segurament t'has adonat que fas una olor diferent segons el dia en què estàs del cicle menstrual. L'alimentació, les malalties i, evidentment, els teus hàbits higiènics també hi influeixen.

L'olor corporal pot ser molest i desagradable per a tu i per als altres si va unit a la suor i si fa dies que no et dutxes. Sense una dutxa diària, a més de l'olor desagradable, pots tenir un risc més gran d'agafar infeccions, per exemple, en els nois, la **balanitis.** Aquesta infecció es caracteritza per una inflamació del penis, que es posa vermell i t'impedeix de retirar bé el prepuci; precisament, pot aparèixer per no retirar el prepuci en rentar-se els genitals.

No obstant això, vés en compte amb obsessionar-te i passar massa temps sota l'aixeta malgastant l'aigua; tampoc no abusis dels desodorants perquè poden irritar-te la pell.

Durant la dutxa pots aprendre a **conèixer el teu cos.** Una vegada per setmana, per exemple, mentre et dutxes, oblida't de la rutina diària, l'estrès, el cansament... i concentra't en les sensacions que et produeix l'aigua quan et toca, observa com cadascuna de les parts del teu cos sent sensacions diferents, unes més intenses i altres menys. Prova de canviar la intensitat del raig d'aigua i continua experimentant.

Alguns consells

- És important rentar-se diàriament els genitals, però no cal fer servir molt sabó, i sempre amb un ph neutre.
- Si ets una noia, el rentat es fa de davant al darrere, així evites que els gèrmens de l'anus puguin passar a la vagina. No t'has de fer rentats vaginals, ja que destruiries la flora vaginal i apareixerien infeccions vaginals.
- Si ets un noi, t'has de rentar el gland i retirar el prepuci cap enrere.
- Per a tots dos: després de dutxar-te o banyar-te eixuga't suaument amb una tovallola seca i posa't roba neta. La roba interior ha de ser preferiblement, 100 % de cotó, ja que aquest teixit perme't que la pell transpiri sense dificultat.

La teva anatomia. Coneix com ets

En aquest capítol t'expliquem com és el teu cos i com funciona. És molt important que coneguis aquesta informació perquè et servirà per gaudir de la teva sexualitat d'una manera responsable, sana i satisfactòria. És difícil saber allò que ens agrada si no ho hem experimentat abans; i molt més difícil explicar a la parella el que ens agrada o el que no ens agrada si nosaltres mateixos no ho sabem.

L'aparell genital femení

En la dona, una part dels genitals es troba a l'exterior i una altra, la que requereix una protecció més gran per la funció que realitza, a l'interior.

Els genitals externs

La **vulva** és la part genital externa femenina. Està constituïda per:

- El **mont de Venus**, situat davant dels ossos del pubis i format per teixit gras rodejat de pell i cobert de pèl.

- **Els llavis majors,** que són dos replecs de teixit que s'estenen des del mont de Venus cap avall i cap enrere. Estan coberts de pèl

Situació dels genitals interns en el cos femení.

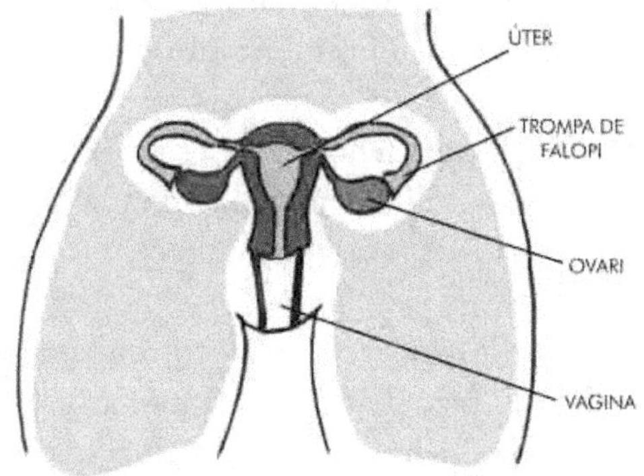

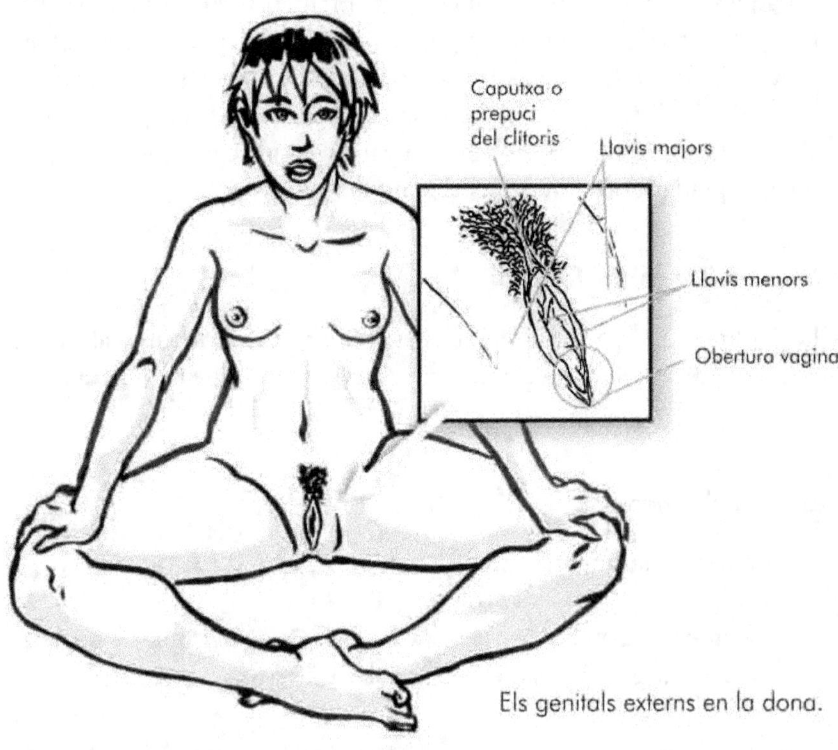

Els genitals externs en la dona.

i contenen una multitud de glàndules que segreguen un líquid viscós que humiteja i lubrica la vulva.

- Els **llavis menors**, que es troben allotjats entre els llavis majors i que s'hi fusionen en la part posterior, mentre que per davant, en la part posterior, s'uneixen per formar el clítoris.

- El **clítoris**, un òrgan erèctil amb dos cossos cavernosos i un gland. És l'òrgan de major sensibilitat sexual de la dona. El que veiem, la part exterior, és el gland, ja que el cos es manté a l'interior.

- La **vagina** és un conducte muscular d'entre 7,5 i 10 cm de llarg que comunica la vulva amb el coll de l'úter.

  L'obertura vaginal pot estar coberta per una fina membrana denominada **himen.** En molts moments de la història s'ha atorgat a l'himen una importància social relacionada amb la virginitat, l'honor... Des del punt de vista científic, l'única funció que se li atribueix és protegir l'entrada de la vagina de les nenes abans de la pubertat, quan la vagina encara no conté la flora vaginal que la protegirà quan sigui adulta.

- L'**orifici uretral** és a uns dos o tres centímetres del clítoris. És per on surt l'orina.

Els genitals interns

- Els **ovaris** tenen una forma d'ametlla d'uns tres centímetres de llarg per dos d'ample; es troben suspesos en la pelvis, subjectes a l'úter per una sèrie de lligaments i en contacte amb les trompes. Contenen tots els òvuls futurs en estat immadur i són els encarregats de produir les hormones sexuals femenines: estrògens i progesterona, responsables de les característiques sexuals externes.

- L'**úter** o **matriu** és un òrgan muscular en forma de pera invertida situat entre la bufeta i el recte. Consta de dues parts: el cos i el coll o cèrvix.

Mites sobre la vagina

Conservar l'himen no és una prova irrefutable que una noia no hagi mantingut relacions sexuals. Com ja saps (ho comentarem més endavant amb detall), poden tenir-se relacions sexuals sense penetració. D'altra banda, no conservar l'himen tampoc no és una prova que la noia hagi tingut relacions amb penetració, ja que aquesta fina membrana es pot trencar amb facilitat com a conseqüència, per exemple, d'una mala caiguda, de muntar en bicicleta atropelladament...

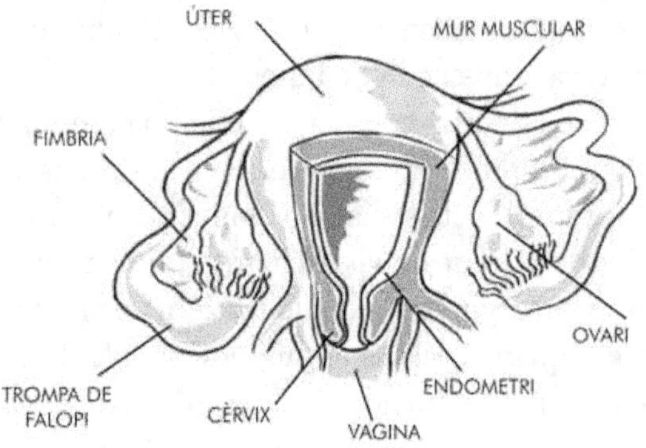

Descripció dels genitals interns femenins.

- L'**endometri** és una capa mucosa que recobreix l'úter per dins. Si no conté cap òvul fecundat, aquesta capa mucosa es descama i s'expulsa a l'exterior produint la menstruació, aproximadament cada vint-i-vuit dies.

- Les **trompes de Falopi** són dos conductes que neixen a tots dos costats de l'úter i tenen l'altre extrem lliure per recollir l'òvul que allibera l'ovari. A les trompes es produeix la fecundació (la unió de l'òvul i l'espermatozoide), i a través d'elles es transporta l'òvul fecundat fins a l'úter, on es desenvoluparà l'embrió.

L'aparell genital masculí

En l'home, l'aparell genital és tot exterior. És constituït pricipalment pels testicles, el penis i les glàndules accessòries de l'aparell reproductor, és a dir, les vesícules seminals i la pròstata.

Els genitals externs i interns

- Els **testicles** són dues formacions ovalades, una a la dreta i l'altra a l'esquerra, suspeses dins d'una **bossa escrotal**, la qual regula la temperatura del testicle. Estan formats pels tubs seminífers, on

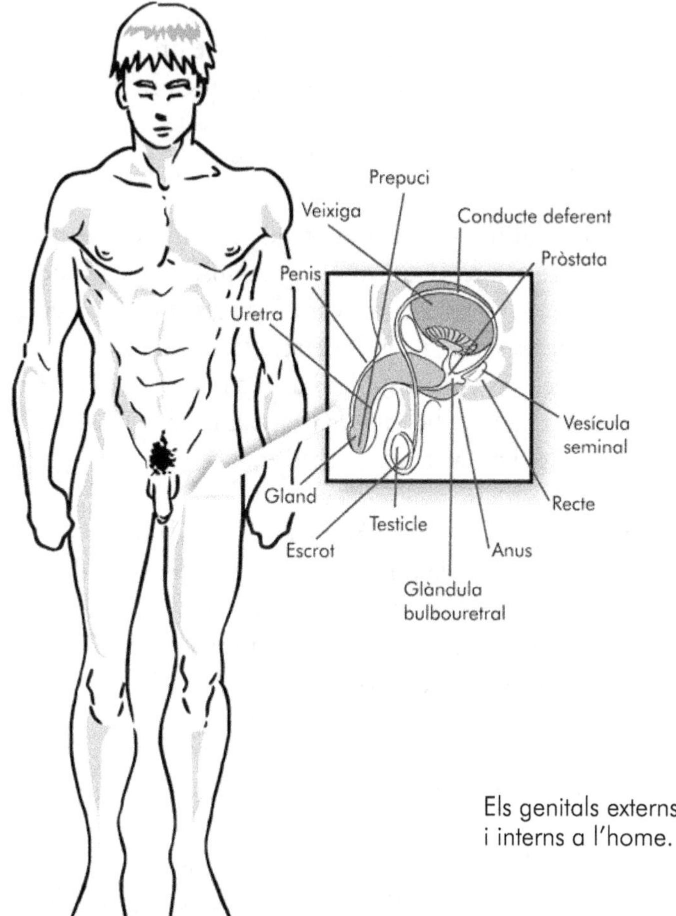

Els genitals externs
i interns a l'home.

Mites sobre el penis

El més comú és la **mida del penis.** En l'adult, en estat de flaccidesa té una longitud d'entre 5 i 10 cm. Erecte, augmenta fins als 13 o 16 cm. La mida del penis és diferent en cada home i varia segons les circumstàncies. Per exemple, amb el fred s'encongeix i si fa calor es dilata; també quan ens sentim avergonyits o cohibits es contrau. Tot el nostre cos respon a les emocions, fins i tot el penis.

Potser, tu o algun dels teus amics no feu esport per temor que us vegin en «baixa forma» en els vestuaris. Hi ha molt poca relació entre la mida del penis en estat flàccid i quan està erecte. Ja ho saps: «La mida no fa un bon amant!».

es troben les cèl·lules germinals, que produeixen els espermatozoides, i les cèl·lules de Leyding, que produeixen les hormones sexuals masculines, responsables de les característiques sexuals externes.

- L'**epidídim** és el conducte que recull els espermatozoides dels tubs seminífers i que després es transforma en conducte deferent, arribant a les vesícules seminals i els conductes ejaculadors. Les vesícules seminals produeixen el líquid seminal, que es barreja amb els espermatozoides i forma el semen. Els conductes ejaculadors estan coberts d'una capa muscular que, quan es contrau, expulsa l'ejaculació a l'exterior.

- La **pròstata** és una glàndula de la mida d'una castanya, situada sota el coll de la bufeta urinària i de les vesícules seminals. Està travessada pels conductes ejaculadors, que desemboquen en la uretra posterior. La pròstata és un element important en el procés d'ejaculació i d'erecció.

Sabies que...?

- Com que **la vagina** és un conducte muscular **es pot contraure i relaxar a voluntat.** És important que presenti un bon to muscular durant tota la vida, ja que això facilita les relacions sexuals, afavoreix la recuperació després d'un part i evita els prolapses genitals (despenjament de l'úter i la veixiga en la tercera edat). Et proposem uns senzills exercicis perquè la facis treballar. Es coneixen com a exercicis de Kegel i pots realitzar-los en qualsevol lloc i hora del dia; ningú no ho notarà, només tu.
És fàcil: es tracta de contraure la vagina progressivament i mantenir-la en aquest punt durant uns segons; després la vas afluixant fins a relaxar-la per complet. Imagina't un ascensor que va parant uns segons (els que tu vulguis aguantar) a cada planta fins arribar a l'àtic, i que després baixa igual. Si t'és possible, pots repetir aquest exercici cada dia vint vegades seguides. Ja veus que no és difícil, i té beneficis a curt i llarg termini.

- El **penis** és un òrgan de teixit erèctil amb tres parts cilíndriques. Aquest teixit és comparable a una esponja: quan s'omple de líquid s'infla i augmenta de mida. Dos dels cilindres es troben en la part més posterior: són els cossos cavernosos, que s'encarreguen de l'erecció; i l'altre, ubicat en la part anterior o ventral, és el cos membranós o esponjós, que conté la uretra.

  La base del penis s'ancora en la pelvis. El seu extrem el constitueix el **gland,** que alberga una fenedura que correspon a la uretra, una de les parts més sensibles del penis, i està cobert per una part mòbil denominada **prepuci.**

Problemes físics

- **Fimosi.** De vegades, la pell mòbil o prepuci no baixa prou per deixar el gland lliure, fet que molesta quan hi ha una erecció perquè comprimeix aquesta part. Aquest problema se soluciona mitjançant una operació que consisteix a tallar el prepuci, de manera que el gland sempre queda lliure.

- La **citologia** o el **papanicolau** és una prova que s'inclou habitualment en la revisió ginecològica femenina. Consisteix en prendre tres mostres de mucosa: dues en el cèrvix i una altra entre aquest i la vagina. Serveix per obtenir un diagnòstic precoç d'un possible càncer del coll uteríi d'altres anomalies.
- Els **tescicles són fora** del cos perquè a dins la temperatura corporal no permetria viure als espermatzous. Perquè aquests es desenvolupin adequadament necessiten una temperatura inferior a la corporal.
- Molts pacients **operats de pròstata** tenen **problemes d'erecció,** però la majoria dels casos se soluciona amb un tractament farmacològic. Les operacions de pròstata es realitzen en homes amb càncer de pròstata i això passa en homes grans.
- Els nois àrabs i jueus acostumen a estar circumcidats, és a dir, tenen sempre el gland sense cobrir, perquè se'ls ha tallat el prepuci que el cobria.

- **Frenell curt.** Per sota del gland existeix una petita porció de pell que l'uneix amb el prepuci. Quan el penis es posa en erecció, si el frenell és massa curt fa lliscar el prepuci automàticament cap endavant i produeix dolor i malestar quan s'intenta retirar-lo cap enrere.

Els qui pateixen fimosi o frenell curt exprimenten més molèsties durant la penetració que durant la masturbació. Tots dos casos tenen un solució quirúrgica; es tracta d'intervencions molt senzilles i definitives que no produeixen cap efecte secundari.

La teva fisiologia. Coneix com funciones

Fins aquí hem parlat de com és anatòmicament el teu cos, ara parlarem de com funciona.

En la fisiologia del cos humà, veuràs que el terme «hormona» apareix molt sovint. Les hormones són les responsables de la teva maduració sexual i dels canvis que experimentes durant la **pubertat.** Aquesta s'inicia entre els nou i els setze anys, depenent de factors com l'herència genètica, la nutrició, el clima i de si ets noi o noia (en els nois comença més tard). És important saber-ho per evitar preocupacions innecessàries; comparar-se amb nois o noies, els cossos dels quals ja han començat a canviar, potser ens farà sentir incòmodes i no accelerarà el nostre procés particular.

Què són les hormones?

Són missatgeres que transmeten missatges d'una banda a l'altra del cos. Són substàncies químiques que la sang transporta i que posen en funcionament diversos òrgans, per exemple els ovaris, que fabriquen estrògens, i els testicles, que fabriquen testosterona.

Segur que has escoltat frases com: «No sé què li passa, deu tenir les hormones alterades» o «aquest comportament no és propi d'ell/a, són les seves hormones les que parlen». És molt comú dir «les hormones li surten per les orelles» per referir-se a episodis relacionats amb estar enfadat o amb la sexualitat.

Les hormones sexuals masculines s'anomenen andrògens i la més important és la testosterona. Les hormones sexuals femenines són els estrògens i la progesterona.

Les hormones sexuals no serien possibles sense la hipòfisi (una glàndula allotjada a la base del crani) i l'hipotàlam (part del cervell), encarregats de produir les principals hormones missatgeres que donen ordres als ovaris i als testicles perquè fabriquin les hormones sexuals. És el que es coneix per eix hipotàlam-hipofisari-gonadal. Aquest eix té la capacitat d'autoregular-se, és a dir, quan hi ha un excés d'hormones sexuals es frena la hipòfisi i l'hipotàlam perquè no ordenin de fabricar-ne més, i quan en falten l'eix es torna a activar.

Hormones sexuals masculines

La **testosterona**, principal hormona masculina, es produeix en els testicles i és la responsable que apareguin en tu aquestes característiques físiques que t'identifiquen com a noi: la complexió física, el to de veu, la distribució del pèl o el greix corporal, la musculatura...

També és la que, després de la pubertat, fa augmentar la mida del penis, l'escrot i els testicles, fins als vint anys aproximadament. Constitueix un element clau en la sexualitat, ja que fa que els genitals es tornin sensibles i que apareguin les sensacions de desig sexual i excitació davant de determinats estímuls sexuals.

Hormones sexuals femenines

Les hormones sexuals femenines més conegudes són els **estrògens** i la **progesterona**, i entre els estrògens el més important és l'estradiol.

Aquestes hormones sexuals femenines es fabriquen sobretot en els ovaris, i són les responsables del desenvolupament dels genitals i dels caràcters sexuals secundaris que t'identifiquen com a noia: del desenvolupament del pit, de la vagina i de 'úter, de l'eixamplament de la pelvis, del creixement i de la distribució del pèl moixí i de la iniciació del cicle menstrual.

També són les responsables que et «sentis humida» quan t'excites sexualment.

El cicle menstrual

El que més coneixes del cicle menstrual és la **menstruació**, però aquesta només constitueix el començament del cicle. La menstruació o regla és la manifestació externa d'una sèrie de canvis que tenen lloc dins del cos femení i la finalitat dels quals és acondicionar l'úter per a l'arribada d'un òvul fecundat. Aquest procés es repeteix des de la **menarquia** (aparició de la primera regla) fins a la **menopausa** (aturada natural de la menstruació). Cada cicle menstrual dura uns vint-i-vuit dies (tot i que també hi ha cicles que ronden els vint-i-dos o els quaranta-cinc dies i són perfectament normals). Comença amb tres o cinc dies de

---

Mites sobre la menstruació

Hi ha falsos mites i idees errònies sobre la menstruació, també coneguda com a regla o període. Pregunta-ho a les teves amigues, a la teva mare o a la teva àvia; segur que et sorprendran les seves respostes. A més, tu també tens històries per explicar: l'experiència de la primera vegada que et va venir; les vegades que no l'esperes i et posa en una petita dificultat, com quan et vas tacar tot el pantaló i per sort portaves un jersei per poder-te tapar; o com n'és d'inoportuna quan et ve just el dia que tenies pensat anar a la platja; les molèsties que sents de vegades, o els constants canvis d'humor... Però l'arribada de la regla també et recorda que has canviat, que ja no ets com abans, que tens sentiments i sensacions noves i que els altres també et veuen diferent.

Alguns dels mites més comuns són ben curiosos: no pots fer maionesa quan tens la regla perquè la salsa es talla; no pots tocar les plantes perquè s'assequen; no pots banyar-te perquè se't talla la regla; no et pots quedar embarassada; no pots beure coses fredes perquè també se't talla la regla; no pots utilitzar tampons perquè trenquen l'himen... Vegem-ne uns altres i analitzem si tenen sentit.

sagnat per la vagina com a conseqüència de l'expulsió del revestiment intern de l'úter (endometri).

Els ovaris tenen un paper fonamental, ja que són els que alliberen els òvuls periòdicament i produeixen les hormones sexuals femenines. Dins dels ovaris, els òvuls estan allotjats en els fol·licles (glàndules en forma de saquets), els quals comencen a madurar estimulats per una hormona que segrega la hipòfisi. En madurar, els fol·licles produeixen estrògens, unes hormones que actuen sobre l'endometri i fan que proliferin i creixin les seves cèl·lules, preparant-lo així per a la possible arribada d'un òvul fecundat. Cap a la meitat del cicle, un d'aquests fol·licles es troba més desenvolupat que els altres i es trenca; aleshores allibera l'òvul ja madur que conté i que és acollit per una de les trompes de Falopi (s'alternen a cada cicle). El fol·licle buit es transforma en un «cos groc» i produeix progesterona, una hormona que també actua sobre l'endometri per acabar d'adequar-lo.

- **_Durant la menstruació no et pots quedar embarassada._** Aquest és un mite molt estès que ha perjudicat seriosament als que l'han cregut. Durant la menstruació **sí que et pots quedar embarassada** si tu o la teva parella no utilitzeu un mètode anticonceptiu, perquè no sempre es pot saber exactament en quin moment del cicle has ovulat (recorda les ovulacions espontànies).

- **_No t'has de banyar._** Aquest mite és molt antic i ha anat desapareixent amb el temps; precisament, cada vegada s'accepta més que durant la menstruació **la dutxa és indispesable** per motius d'higiene. Així i tot, hi ha moltes noies que decideixen no anar a la platja o a la piscina quan tenen la regla per por que se'ls talli. No hi ha per què preocupar-se; si bé és cert que momentàniament pot disminuir el sagnat, després torna a aparèixer.

- **_Usar tampons trenca l'himen._** L'himen és una membrana flexible que recobreix de manera incompleta l'entrada de la vagina i presenta un orifici per on normalment hi cap un tampó. Només has d'assegurar-te que la mida es correspongui amb la teva quantitat habitual de flux.

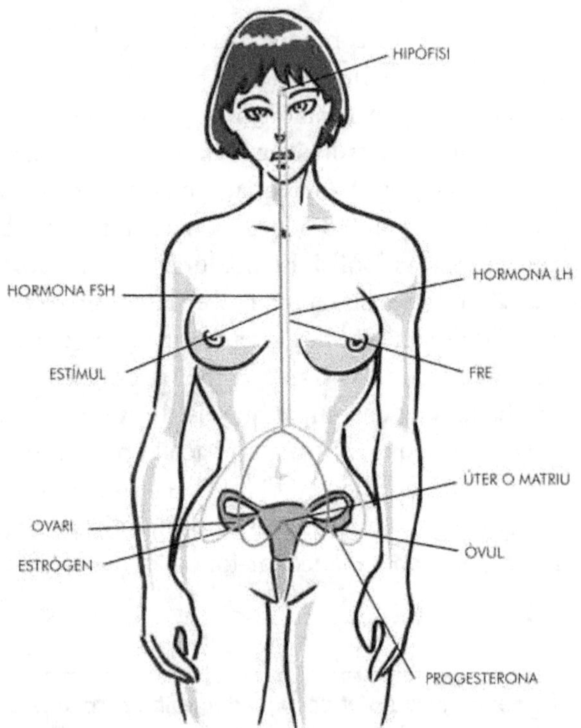

Funcionament del cicle hormonal femení.

Aquest moment crucial del cicle s'anomena **ovulació** i té lloc al voltant del dia 14 de l'inici de la menstruació. L'òvul madur, en el seu recorregut per la trompa, té un vida de 48 hores, i durant aquest temps és quan tens més probabilitats de quedar-te embarassada si tens relacions coitals sense precaució, és a dir, sense que tu o la teva parella utilitzeu cap mètode anticonceptiu.

Si la fecundació no té èxit, o sigui, si els espermatozoides masculins no arriben a l'òvul, no hi ha embaràs. Aleshores, la capa mucosa de l'endometri es descama i és expulsada a l'exterior, tancant així el període menstrual i, alhora, començant-ne un de nou.

Així i tot, el cos femení no és una màquina exacta, de manera que no és infreqüent que, en ocasions puntuals, apareguin ovulacions es-

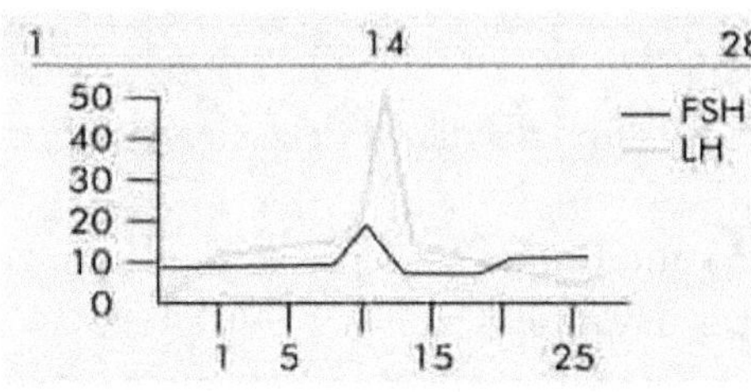

Nivell de secreció al qual arriben les hormones de la hipòfisi FSH (foliculo-estimulant) i LH (luteo-estimulant) segons els dies del cicle menstrual.

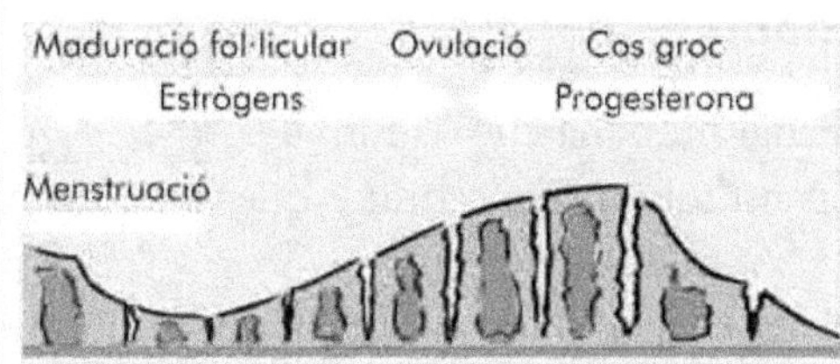

Cicle menstrual: s'observen els canvis que es produeixen a l'endometri des d'una menstruació a la següent.

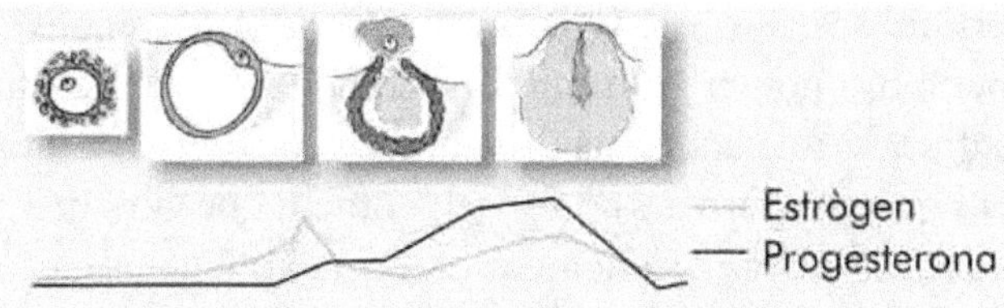

Cicle ovàric. Els canvis que es produeixen a l'ovari en funció del dia del cicle: maduració folicular i producció hormonal d'estrògens i progesterona.

S'observen el coll uterí durant l'ovulació i la gràfica del flux; com augmenta aquest cap a la meitat del cicle coincidint amb l'ovulació.

Dies més fèrtils i menys fèrtils del cicle menstrual. En negre els dies de la menstruació, en gris els dies menys fèrtils i en blanc els dies més fèrtils. Es marca el dia 14 com el de major fertilitat (recorda que, sobretot en noies joves, aquets dies poden canviar d'un mes a un altre, no és en absolut fiable).

Diverses representacions gràfiques del cicle menstrual.

pontànies fora dels dies habituals, lluny del dia 14 del cicle. Això causa molts embarassos inesperats.

Després de tota l'explicació anterior, ja estàs preparat/ada per conèixer com reacciona el teu cos davant el sexe.

La resposta sexual humana

Quan parlem de resposta sexual humana ens referim a la reacció que el nostre cos experimenta davant una sèrie d'estímuls que considerem sexuals.

Els estímuls que produeixen excitació no són iguals per a totes les persones. Cadascú interpreta per si mateix si un estímul determinat és un estímul sexual o no. Que un mateix estímul es converteixi en sexual per a tu i no per a una altra persona depèn de molt factors de la teva cultura i el teu lloc de naixement, dels costums de la teva família, del que t'han ensenyat i has après, del moment que vius, dels teus sentiments actuals i, indiscutiblement, de si ets home o dona.

Quantes vegades la teva millor amiga t'ha explicat l'excitació que sent només de pensar en l'Eduard; i tu en canvi, que el coneixes

---

Saber-ne més...

- Les hormones són substàncies químiques de composició variable que es produeixen a les glàndules endocrines i que intervenen en diferents funcions orgàniques. La glàndula més important és la hipòfisi, també denominada *pituïtària*.
- La hipòfisi es localitza a la base del crani, sota de l'encèfal, allotjat a l'interior d'una part de l'os estenoides anomenada cadira turca. Té forma ovoide i fa uns 10 mm. Està relacionat íntimament amb l'hipotàlam i, amb ell, té per finalitat regular les funcions principals de l'organisme, entre les quals hi ha el creixement, el desenvolupament, la sexualitat... Per la seva banda, l'hipotàlam és una estructura cerebral que connecta el sistema nerviós amb l'hormonal i s'encarrega de regular la hipòfisi.

però que el mires amb «uns altres ulls», no pots entendre què li veu.

I quantes vegades has pensat en aquest somriure de l'Eva i, sense voler-ho, has tingut una erecció. I el teu amic Eduard no pot entendre que t'atreu d'ella, ja que no és bonica i té aquell nas tan rar...

Altres vegades, en canvi, tu i el teu amic heu coincidit en el fet que l'actriu Sharon Stone estava imponent en aquella pel·lícula, i al cine tots dos heu experimentat desig mentre vèieu una determinada escena.

Molts autors han investigat la resposta del cos humà davant d'un estímul sexual. Els investigadors més coneguts van ser Masters i Johnson, que després d'estudiar homes i dones, van descriure la resposta sexual humana i la van classificar en quatre fases: d'excitació, d'altiplà, d'orgasme i de resolució.

Posteriorment, Singer Kapkan va afegir una cinquena fase, la del desig sexual. Actualment, acceptem com a vàlides aquestes cinc fases per estudiar la resposta sexual humana.

Aquesta resposta sexual és fisiològica, és a dir, que una vegada es desencadena es desenvolupa igualment si estàs sol, amb algú del teu mateix sexe o del sexe contrari. Anem per parts.

- Després de ser estimulada per l'hipotàlam, la hipòfisi allibera les gonadotropines LH i FSH i la prolactina, hormones fonamentals en la funció reproductora i en el cicle hormonal.
- Les hormones hipofisàries: luteoestimulant (LH) i fol·liclestimulant (FSH) són les encarregades de donar ordres als ovaris perquè fabriquin els estrògens i la progesterona i als testicles, perquè fabriquin testosterona.
- Tots els òrgans sobre els quals actuen les hormones tenen uns receptors específics per a cada hormona. L'hormona s'ha d'unir al seu receptor perquè l'òrgan realitzi la funció corporal que li correspongui.
- El mètode que utilitza l'organisme per regular la concentració d'hormones es denomina retroalimentació negativa. Consisteix a inhibir la producció d'hormones si n'hi ha més quantitat de la necessària, o al contrari, estimular-la si considera que n'hi ha poca.

Fase del desig sexual

Com ja saps, el desig sexual es desencadena per múltiples i diferents estímuls. Es produeix igualment en els nois i les noies, tot i que alguns estímuls incideixen més en ells que en elles. Per exemple, els **visuals** afecten més intensament els nois; entens ara per què els agraden tant les revistes de noies o les pel·lícules porno? Els **tàctils** exciten molt les noies, i també els nois; encara que alguns no ho sàpiguen, tots necessitem carícies. Els **olfactius** ens afecten gairebé igualment; un perfum que ens agrada ens fa recordar una persona, un lloc, una situació... Els **auditius** sens dubte exciten més a les noies: que els diguin coses afectuoses, que els xiuxiuegin a l'orella... Les **fantasies sexuals** constitueixen un estímul molt important. Diuen que les fantasies de les noies són més romàntiques i les dels nois més sexuals, però també que això està canviant.

Perquè aquests estímuls duguin a terme la seva funció, és evident que has d'estar motivat/ada per interpretar-los. La teva ment ha generat un desig sexual i si vols secundar-la tot el teu cos es posa en marxa.

Les altres fases de resposta sexual humana són diferents en funció de si es tracta d'un noi o d'una noia. Vegem en què consisteixen.

Sabies que...?

- Tots els organismes multicel·lulars produeixen hormones, incloses les plantes.
- Els homes també produeixen estrògens, però en quantitats petites.
- Les dones també produeixen testosterona, però en quantitats petites.
- El fol·licle ovàric que es queda buit perquè ha expulsat l'òvul s'anomena cos luti, o cos groc.
- Les hormones sexuals influeixen en la salut, de vegades de manera positiva i altres de manera negativa: mantenen en bona forma el cor, els vasos sanguinis, els ossos i el cervell, però també poden accelerar l'extensió dels càncers de mama o de l'aparell reproductor.
- Durant les setmanes 6-8 de vida intrauterina d'un embrió femení s'as-

Què passa si ets un noi?

Fase d'excitació

Una de les primeres coses que notes és sens dubte l'erecció del penis, que augmenta de longitud i gruixària; però també es produeixen altres canvis com ara l'elevació dels testicles, l'allisament de l'escrot, l'enro-

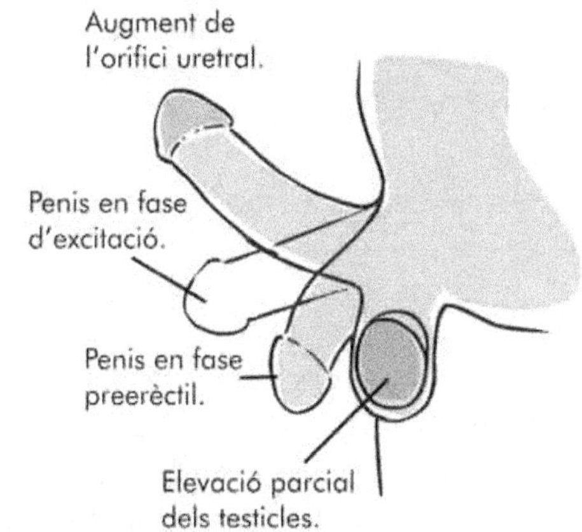

Fase d'excitació.

soleix el nombre màxim de cèl·lules germinals que tindrà la dona que s'està formant (6-7 milions); a partir d'aquest moment, s'aniran reduint de forma dràstica fins aproximadament als cinquanta anys, quan amb la menopausa s'esgota la reserva d'òvuls.

- Els nivells de producció i circulació de testosterona (produïda pels mascles de totes les espècies i les femelles dels primats i les humanes) contribueixen a garantir el funcionament sexual. En mascles amb un nivell de testosterona baix s'observa una disminució de la motivació i de l'activitat sexual.
- Els estrògens determinen, entre altres coses, la receptivitat sexual en les femelles animals durant el període de zel, també anomenat estro (per l'augment d'estrògens que es produeix).

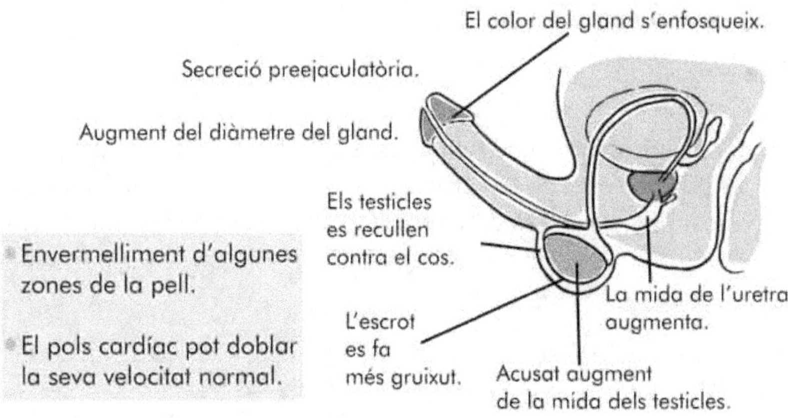

Fase d'altiplà.

giment de tot el cos perquè arriba més sang a la pell i, naturalment, un augment de la respiració i del ritme cardíac.

La rapidesa amb què s'arriba a l'erecció varia d'una persona a una altra. Hi influeix sobretot el grau d'excitació, però també l'edat, l'estat de salut general o, fins i tot, com ja saps, si hi ha hagut una altra erecció prèvia. Els nois joves tendeixen a tenir ereccions més ràpides que els grans. També pot passar de vegades que durant l'activitat sexual disminueixi o es perdi l'erecció; això no és motiu d'alarma, perquè pot ser conseqüència del nerviosisme, d'haver ingerit alcohol o no obeir a cap causa específica.

Fase d'altiplà

Si l'estímul sexual continua i res no ho impedeix, el nostre cos continua amb els canvis i es produeix una elevada i sostinguda tensió sexual. El cos envermelleix perquè hi ha un flux més gran de sang cap a la pell, com si els receptors de la pell tinguessin amplificadors. Fes la prova. Fes lliscar la mà suament pel braç quan no estiguis excitat i repeteix-ho quan n'estiguis. Oi que no és el mateix?

Com veus en el gràfic, el penis es redreça i es posa més rígid, el gland augmenta de mida, els testicles assoleixen el seu ascens màxim i, com a conseqüència de tot plegat, es produeix l'eliminació d'un fluid preejaculatori.

Fase d'orgasme

Si l'estimulació sexual augmenta, s'arriba a un nivell de tensió sexual molt elevat que condueix al llindar de l'orgasme.

En aquesta fase, apareixen una sèrie de contraccions rítmiques cada 0,8 segons que impulsen l'emissió de semen a través de la uretra, tot plegat acompanyat d'una sensació de plaer i de benestar generalitzats.

Període de resolució

Els canvis generats per l'excitació sexual tornen al seu estat inicial. Durant aquest període no es pot produir una ejaculació, encara que existeixi estimulació sexual. És un període molt curt en la joventut que augmenta amb els anys.

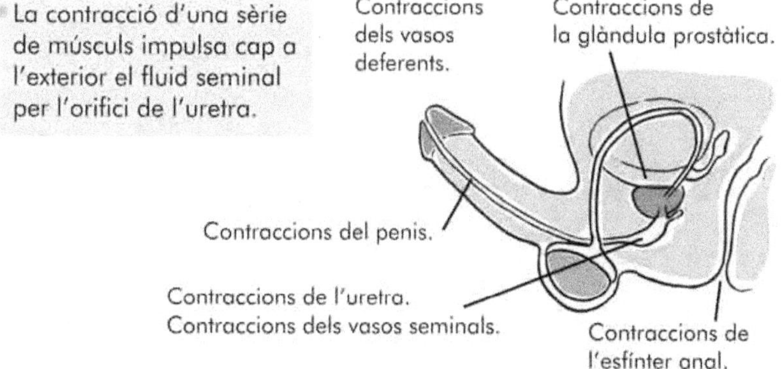

Fase d'orgasme.

Què passa si ets una noia?

Fase d'excitació

De vegades no tens desig sexual espontani, però una carícia de la teva parella, un començar... «t'activa». Externament, observem que es produeix una major lubricació vaginal, que la mida dels llavis majors i menors augmenta. En el clítoris es produeix una erecció progressiva. Els pits es tornen més sensibles i es produeix una erecció dels mugrons. Tot plegat acompanyat d'un augment del ritme cardíac, de la pressió arterial i del to neuromuscular en general.

La vagina s'allarga fins a 2/3 de la seva mida inicial, ja que l'úter es posa més recte, gairebé 90º, i el cèrvix se separa de la vagina.

Fase d'altiplà

Aquesta fase es caracteritza per un alt nivell de tensió sexual. Es completen els canvis de la fase anterior, a més, el clítoris es retreu cap endins, els llavis majors i menors s'inflen i l'entrada de la vagina es contrau una mica per realitzar la funció d'aferrament per si es produeix una penetració.

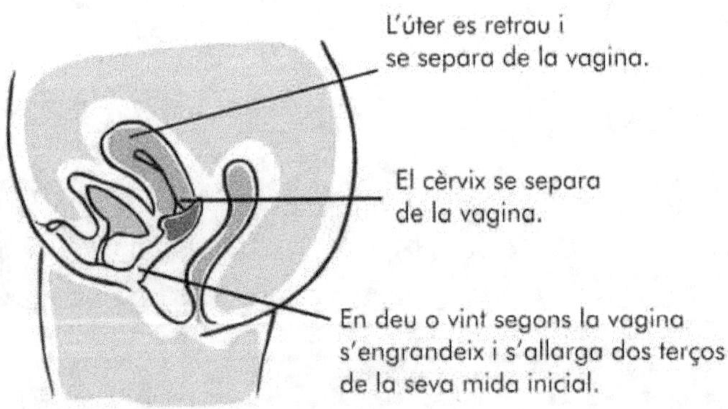

Esquema de perfil dels canvis que es produeixen durant la fase d'excitació.

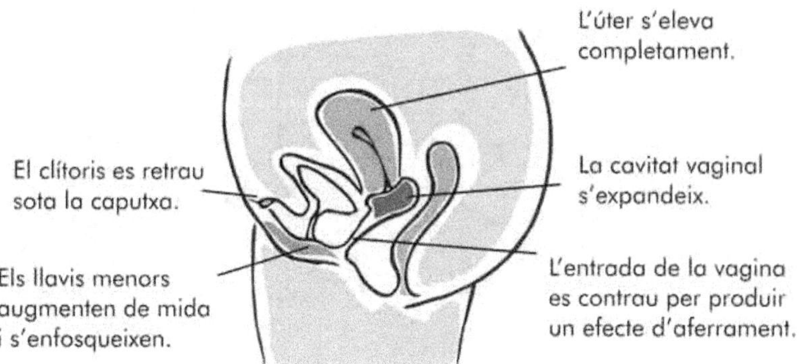

Esquema dels canvis que es produeixen als genitals femenins
durant la fase d'altiplà.

Fase d'orgasme

Aquesta fase es descriu de moltes maneres i cada dona la viu d'una
forma diferent. De vegades és un sobtat esclat de calor i de plaer, d'al-
tres notes les contraccions vaginals, fins i tot hi ha qui afirma que es

---

Mites i idees erronis

- **La primera vegada fa mal i sagnes perquè es trenca l'himen.** El primer
  coit no té per què ser dolorós si els dos membres de la parella voleu
  mantenir relacions sexuals, cap dels dos no us sentiu pressionats per
  l'altre. Si heu pres les mesures preventives necessàries per evitar un em-
  baràs o una infecció de transmissió sexual, la vostra ment estarà, a
  més, lliure de pors.
  Sens dubte és important dedicar prèviament un temps a les carícies i al
  joc eròtic, perquè es produeixi una resposta sexual adequada. Quan es
  trenca l'himen no té per què sagnar necessàriament. De fet, sabem que
  ha pogut trencar-se en múltiples situacions que no tenen res a veure amb
  l'activitat sexual.
- **Durant la menstruació no et pots quedar embarassada.** Això és un error,
  ja ho hem explicat a les pàgines anteriors.
- **La marxa enrere és segura** (el noi retira el penis de la vagina abans d'e-
  jacular). Quan el penis entra en erecció, apareix un líquid que humiteja

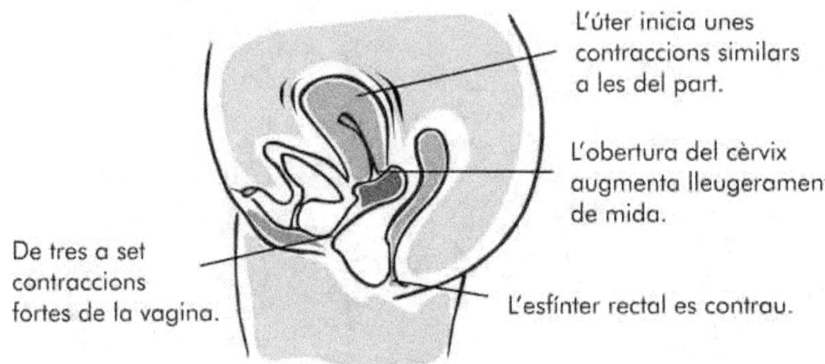

Esquema dels canvis que es produeixen als genitals femenins durant la fase d'orgasme.

perd el sentit durant uns segons, i altres és la sensació d'estar bé. Algunes dones poden tenir més d'un orgasme si l'estímul sexual continua.

En la dona no existeix fase de resolució com en l'home. La dona, després d'un orgasme, pot tornar immediatament a excitar-se i a reproduir una nova resposta sexual.

el gland, denominat líquid preseminal. Aquest líquid apareix molt abans d'ejacular, peró ja pot contenir expermatozoides i, per tant, existeix risc d'embaràs.

- **La primera vegada no et pots quedar embarassada.** Fisiològicament, el teu organisme funciona i reacciona igual davant la primera relació sexual amb penetració que davant les altres. El risc que et quedis embarassada és el mateix sempre.

- **Has de donar la talla.** Aquesta expressió s'utilitza sobretot referida als nois, encara que cada vegada més també a les noies. La sexualitat s'aprèn i es comparteix i amb cada parella s'expressa de diferent manera. Ningú no és millor que un altre. Si una persona no està predisposada, encara que tingui el millor amant del món, no gaudirà d'una relació sexual.

- **No pots dir que no un cop s'ha començat.** La teva sexualitat és teva, i tu decideixes sempre en cada moment què et ve de gust fer i fins on vols arribar. No és res que et puguin imposar, la comparteixes amb qui vols i quan vols.

Capítol 3
Sexualitat sana (sexe i salut)

En aquest capítol parlarem de tres temes íntimament relacionats amb la sexualitat. En primer lloc t'explicarem tot el que fa referència a l'embaràs: com s'esdevé, per què passa quan menys ho esperem i com superar la difícil situació que se'ns planteja davant d'un embaràs no desitjat.

En segon lloc abordarem la qüestió dels mètodes aniconceptius, et farem conèixer tots els que existeixen i t'explicarem quins són els seus avantatges i els seus inconvenients, i com usar-los.

Per últim, parlarem de les infeccions de transmissió sexual, sobre les quals també hi ha novetats que és fonamental conèixer per gaudir de debò d'una sexualitat sana i plaent.

L'embaràs

En aquest apartat comentarem com és el procés d'embaràs i quins canvis suposen per a la dona. I a continuació, veurem què passa quan l'embaràs es produeix en dones molt joves i en adolescents.

La fecundació

Es produeix en una de les trompes de Falopi, per la unió de l'òvul amb un espermatozoide. Dels aproximadament tres-cents milions d'espermatozoides que es dipositen en la vagina en una ejaculació, solament un centenar arribaran a la trompa i, d'aquests, només el més ben dotat pot penetrar en l'òvul i fecundar-lo.

Quan això s'esdevé, l'òvul crea una barrera protectora al seu voltant que impedeix l'entrada de més espermatozoides.

L'espermatozoide triat es desprèn de la cua i introdueix el cap, que conté tota la seva càrrega genètica dins l'òvul, entrant en contacte amb la càrrega d'aquest. Així es forma l'anomenat ou o cigot. En el moment en què totes dues càrregues genètiques es fusionen es produeix la fecundació.

Dotze hores després de la fecundació, les dues cèl·lules originàries de l'ou (l'òvul i l'espermatozoide) comencen a dividir-se. Cada dotze o quinze hores les cèl·lules es multipliquen per dos, i es transformen en una bola d'un aspecte similar a una móra, i quan arriba aproximadament a les cent cèl·lules es transforma en blastòcit, al voltant del tercer dia després de la fecundació, coincidint amb la seva arribada a la cavitat uterina. Cap al vuitè dia s'implanta en l'endometri, que està preparat per les hormones per acollir-lo i proporcionar-li les substàncies nutritives necessàries per al seu desenvolupament.

Com pots sospitar l'embaràs?

El primer símptoma que fa sospitar un embaràs, si has tingut activitat sexual sense protecció, és l'absència de menstruació el dia aproximat que correspondria. Tanmateix, el retard de la menstruació no sempre significa un embaràs. Ja saps que si estàs molt preocupada o si has tingut un disgust important també es pot retardar.

Les nàusees i els vòmits matinals, generalment ocasionats per olors concretes, així com els transtorns del gust i de la gana, també en són indicatius.

Finalment, si experimentes un augment de la sensibilitat i de la mida del pit, has de fer una visita al ginecòleg perquè confirmi les teves sospites. De tota manera, consulta sempre que tinguis dubtes.

Com pots confirmar-ho?

Mitjançant una senzilla prova d'orina es pot detectar la presència d'una hormona que produeix la placenta. Segur que has sentit parlar d'aquesta prova. Pots sol·licitar al farmacèutic que et recomani una de les marques que la comercialitzen.

Així i tot, la rotunda confirmació del fet que existeix un embaràs en curs i que l'ou està implantat on li correspon, no la pots tenir fins que es realitza una primera ecografia (a partir de la sisena setmana) i s'ausculten els batecs cardíacs de l'embrió.

Canvis físics i psicoemocionals

Una gestació normal dura entre 38 i 42 setmanes, prenent com a punt de partida el primer dia de l'última menstruació.

Paral·lelament al desenvolupament de l'embrió, es van produint canvis físics i emocionals en l'embarassada que s'acusen més a mesura que passen els mesos.

- Els *canvis físics* més notables són l'increment del flux vaginal i de la vascularització a la vulva, una elasticitat més gran de la vagina, l'augment de l'úter i el dels pits, que tindran una sensibilitat més gran. Però també hi ha canvis en el sistema hormonal, cardiorespiratori, circulatori, digestiu, urinari, en la pell i els ossos, a més, evidentment, d'un augment de pes i de volum de l'abdomen.

- Els *canvis psicoemocionals* es deuen a l'adaptació forçosa a la nova situació de responsabilitat que significa gestar i tenir un fill. La barreja de sentiments de goig i de preocupació, la inquietud i fins i tot la por al part, l'ansietat, els dubtes... influeixen en l'ànim de la dona. Compartir el procés amb la parella i els éssers estimats, i comptar amb el suport tècnic i humà d'un requip d'obstetrícia, suposaran una ajuda inestimable.

El part

El part és un procés natural per al qual tota dona està perfectament preparada. Cada part és diferent i cada dona (i la seva parella) el viu d'una manera diferent. Els analgèsics i les anestèsies redueixen enormement el dolor del part i, amb això, s'aconsegueix que la dona estigui més relaxada i predisposada a coperar-hi activament.

Unes dues setmanes abans de la data probable del part apareixen una sèrie de símptomes indicadors que el moment s'acosta: l'abdomen baixa, hi ha necessitat d'orinar més sovint a causa de la pressió que el fetus exerceix sobre la veixiga, les digestions es fan més lentes, existeix una sensació d'una pesantor més gran a les cames i apareixen dolors abdominals, és a dir, contraccions esporàdiques sense cap ritme i indolores.

Es considera que el part comença quan apareixen les contraccions rítmiques que no cedeixen en repòs ni quan es canvia de posició i que, progressivament, van augmentant d'intensitat, duració i freqüència (cada 5-8 minuts i durant una hora); quan s'experimenta un sagnat important, o bé quan es trenca la bossa d'aigües, hi hagi o no hi hagi contraccions.

El part consta de tres períodes:

- **Període de dilatació:** té una durada variable (de 4 a 12 hores, si és el primer part, i de 2 a 8 hores en els successius) depenent de cada dona. Durant aquest temps el coll uterí ha de dilatar-se completament (uns 10 cm) per deixar passar al bebè.
- **Període expulsiu:** des que s'arriba a la dilatació completa fins al naixement del bebè. És freqüent, sobretot en dones *primípares,* realitzar una episotomia per facilitar-li la sortida.
- **Període d'infantament:** des de la sortida del bebè fins al despreniment i l'expulsió de la placenta.

Després del part comença una nova etapa caracteritzada per canvis molt importants: el nou ésser necessita una atenció continuada i responsable, i la mare ha de recuperar-se de l'esforç físic del part. Aquesta etapa s'anomena *puerperi* o *quarentena,* i dura entre sis i vuit setmanes.

És freqüent que la dona experimenti episodis de tristesa i ganes de plorar, li facin mal els genitals i els pits i tingui la sensació que la nova situació la desborda. En aquesta fase el canvi hormonal és molt acusat i, sumat al desajustament emocional, pot conduir a una petita depressió postpart. Res que no pugui superar-se amb una preparació prèvia a la maternitat i l'ajuda i la comprensió dels éssers estimats, en especial de la parella.

Si el part es converteix en *cesàrea,* per a algunes dones pot suposar una petita decepció per no haver pogut concloure tot el procés per la

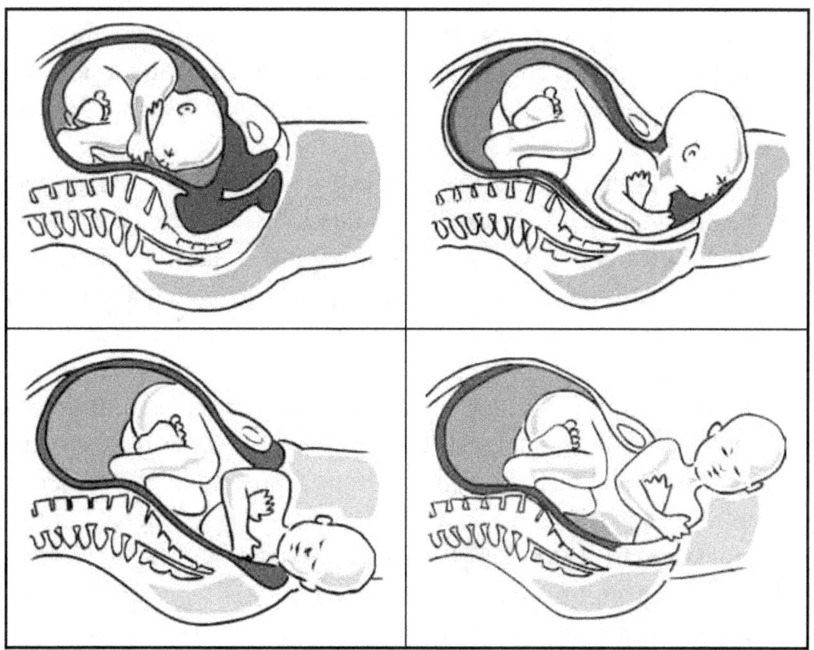

Etapes de la dilatació del coll uterí. Al mateix temps que es produeixen els canvis del coll uterí, el fetus s'adapta al canal del part, gira al seu interior i descendeix, per finalment sortir a l'exterior. Primer es desprèn el cap, després les espatlles i, finalment, la pelvis.

via natural. Encara que el resultat en tots dos casos és la il·lusió pel naixement del bebè.

Què passa amb la sexualitat durant l'embaràs?

Sobre aquest tema hi ha molts mites. Bàsicament, la sexualitat continua sent com era abans de l'embaràs, és a dir, satisfactòria o insatisfactòria, i dependrà molt de si l'embaràs és desitjat o no ho és.

Durant el primer trimestre de l'embaràs, l'estat físic en què es trobi la dona (nàusees, vòmits, mareigs...) influirà en les ganes de mantenir o no relacions sexuals. Generalment, sol haver-hi menys activitat sexual.

Durant el segon trimestre la dona es troba més predisposada sexualment. Els canvis que es produeixen en el seu cos provoquen una vascularització més gran en la zona genital i, en conseqüència, experimenta una major sensibilitat; a més, ja està acostumada a aquests canvis i està segura que el seu embaràs va bé.

Durant l'últim trimestre, sobretot cap al final de l'embaràs, sol tornar a disminuir l'activitat sexual de la dona i la seva parella: el volum que ha adquirit el seu abdomen fa que se senti «una mica maldestra» i que li costi moure's en l'activitat sexual; però fonamentalmet succeeix que la seva ment està ocupada pensant en el part i en el naixement del seu futur fill.

Després del part i durant el *puerperi* o *quarentena,* disminueix la producció de les hormones sexuals (estrògens i progesterona) i, en canvi, augmenta l'alliberament de la prolactina, que és l'hormona que fa possible la producció de la llet materna. Aquest estat hormonal influeix de manera negativa en el desig sexual i en l'estat emocional de la dona (algunes sofreixen una depressió postpart).

La resposta sexual es recupera progressivament: als tres mesos del part la capacitat orgàsmica és igual o una mica superior a la que hi havia abans i la majoria de dones ja han reprès les relacions coitals.

En les dones que han realitzat algun curs de preparació al part i que estan informades, la seva resposta sexual i la seva activitat sexual es recuperen abans. La por al dolor, la manca d'informació i la por a un nou embaràs són, entre altres, factors que poden endarrerir la recuperació en algunes dones. A causa de les modificacions hormonals citades, la dona que opta per la lactància materna té més mala resposta sexual que la dona que no dóna de mamar.

L'embaràs de les adolescents és un embaràs de risc

L'embaràs pot ser una de les millors etapes de la vida d'una dona i de la seva parella si és desitjat. Tanmateix, també pot suposar una crisi molt important si no ho és, i si es produeix en persones joves que no tenen autonomia, l'impacte negatiu és molt més gran.

És possible que hagis tingut alguna experiència propera, i saps com es passa de malalment i el gran sofriment que comporta per a la parella i per a les respectives famílies.

Els motius pels quals una noia jove es queda embarassada són diversos. Hi influeix el grau de maduresa, les relacions de parella, les relacions en l'entorn familiar i el grup d'amigues, les creences, la formació... En ocasions, fins i tot la fantasia de ser mare o de crear una família al seu gust, el desig d'independitzar-se dels pares o de voler convertir-se de sobte en adulta.

Determinats factors poden conduir una adolescent a buscar relacions insanes que acaben sent font de malestar i desemboquen en un embaràs no desitjat; per exemple: la baixa autoestima, voler complaure per por a no ser acceptada, o pertànyer a famílies conflictives o desestructurades, entre d'altres.

Un embaràs a una edat tan primerenca interromp el desenvolupament i l'evolució personal de la noia i li produeix sentiments de culpa, d'ira, por o depressió, arribant en ocasions a negar l'embaràs i a amagar-lo. És indiscutible que una mare adolescent té menys possibilitats de desenvolupar-se socialment i acadèmicament i, per tant, laboralment. A la fi, acaba tenint menys autonomia i més dependència de la família. D'altra banda, la majoria de vegades la parella es trenca, com sol ocórrer en les primeres parelles que es formen de joves.

Quan una noia descobreix que està embarassada, l'omplen sentiments de culpa i de soledat; no sap amb qui comentar-ho però necessita explicar-ho, busca la parella si en té, les amigues... Però sap que no n'hi ha prou, sap que ho ha de dir als seus pares. Quan no li queda altre remei, pensa que el millor és començar explicant-ho a la mare; està segura que s'enfadarà molt, però prefereix el seu disgust que enfrontar-se amb el pare. Sent que els ha decebut, que d'alguna manera els ha fallat.

Si algú del teu voltant es troba en aquesta situació, recomana-li que ho **expliqui als seus pares,** i aplica-t'ho a tu mateixa. Molts anys treballant amb pares i adolescents ens avalen per poder dir que davant d'una situació com la plantejada, primer ve el disgust dels pares, però després aquests sempre donen suport al fill o la filla. Els fills són el més important per als pares, i són ells els qui finalment estan al nostre costat, cuidant-nos i donant-nos suport.

Si, malgrat tot, a la noia li sembla impossible explicar-ho als seus pares, sempre pot comptar amb els professionals dels centres de planificació familiar, el seu metge de família o l'infermera de l'ambulatori, que l'assessoraran, l'ajudaran i li donaran suport en la decisió que prengui.

Recorda que l'embaràs en l'adolescència obliga a prendre una decisió crucial: continuar i dur-lo a terme o interrompre'l.

Si la jove decideix tirar endavant la seva maternitat, l'esperen una successió de circumstàncies que poden desembocar en nombrosos problemes físics, psicològics i socials. En general, rep suport familiar, però és la mare de la noia la que sol acabar assumint el paper no d'àvia sinó de mare del nounat. I la noia perd l'oportunitat de viure la vida que li correspondria segons la seva edat.

Els embarassos en l'adolescència comporten més risc per a les mares i els nadons. Les gestants adolescents tenen més probabilitats que les més grans de vint anys de tenir parts prematurs (abans de finalitzar la setmana 37). També presenten més problemes d'alimentació, major risc per a la salut (anèmies, hipertensió, diabetis...) i més complicacions en el part.

D'altra banda, els bebès que neixen abans de terme tenen moltes més probabilitats de presentar problemes de salut i de morir.

Si, per contra, la noia opta per interrompre l'embaràs, el problema tampoc no desapareix tan ràpidament. Aquesta decisió li produeix ansietat i malestar, ja que significa un abans i un després en la seva vida.

Mètodes anticonceptius

Per evitar trobar-te en la situació que hem comentat anteriorment, has de ser responsable de la teva sexualitat. Gaudir i compartir no està renyit amb la responsabilitat. És més, si tens relacions coitals i no utilitzes un mètode anticonceptiu segur, cada mes estaràs preocupada pensant en un possible embaràs o en una possible infecció de transmissió sexual i, no cal dir-ho, aquesta no és la millor manera de gaudir de la teva sexualitat.

Quantes vegades has sentit: «per una vegada no passa res», «jo no utilitzo res i no em quedo», «la meva parella controla»...? I quantes altres «no ho entenc, no sé com m'he pogut quedar embarassada»?

Actualment, **hi ha mètodes anticonceptius molt fiables,** tant per evitar l'embaràs com per a la salut de les persones. I segur que algun d'ells és el millor per a tu en aquest moment de la teva vida.

Tots els mètodes anticonceptius tenen avantatges i inconvenients. No hi ha un mètode ideal per a totes les persones. L'elecció d'un o d'un altre dependrà de diferents factors que variaran al llarg de la teva vida. És important que tinguis una bona informació sobre tots els mètodes que existeixen i que sàpigues el que t'ofereix cadascun. Recorda

---

Mites sobre el preservatiu

Hi ha molts mites sobre l'ús del preservatiu. Segur que has sentit frases com: «no és el mateix», «no es passa tan bé», «no és espontani». Són opinions dels qui no l'han utilitzat mai o en molt poques ocasions.

Et proposem un exercici: pren un preservatiu, posa-te'l en un o dos dits de la mà i amb l'altra toca't els dits coberts amb el preservatiu. Ho notes? És clar que sí! A més de sentir-lo, també pot ser divertit utilitzar-lo. Ja saps que n'hi ha de diferents colors, sabors i textures. Fes servir la imaginació!

que tots impediran un embaràs no desitjat, però només amb el preservatiu evitaràs que contreguis una infecció de transmissió sexual (ITS).

A continuació, realitzem una classificació de tots els mètodes anticonceptius, encara que només descrivim amb profunditat els que són més adequats per a tu.

Mètodes reversibles

Són aquells que pots deixar d'utilitzar quan ho decideixis, sigui per planificar un embaràs, per canviar de mètode o per altres motius.

Dins dels mètodes reversibles es troben:

- **Mètodes de barrera:** preservatius i diafragma.
- **Mètodes hormonals:** píndola, píndola d'emergència, anell vaginal, pegat hormonal, implant subdèrmic, DIU d'alliberament hormonal i injectables.
- **Mètodes mecànics:** dispositius intrauterins (DIU).
- **Mètodes naturals:** el sintotèrmic, Ogino-Knaus.
- **Mètodes químics:** espermicides.

Mètodes irreversibles

Són mètodes quirúrgics definitius. S'hi recorre quan es tenen raons de pes per efectuar una esterilització.

Com a mètodes irreversibles tenim la **lligadura de trompes** en la dona i la **vasectomia** en l'home.

Preservatiu masculí o condó

És una funda prima de làtex, poliuretà o silicona, amb la qual es recobreix el penis quan està en erecció. Reté el semen i impedeix que els espermatozoides entrin a la vagina. És d'un sol ús, no té efectes secundaris ni necessita cap control mèdic.

És el mètode més adequat en l'adolescència i la joventut, perquè

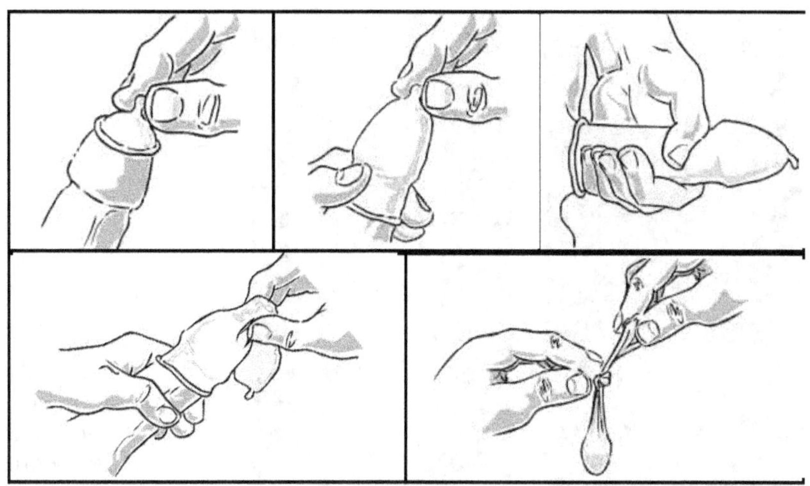

Manera de col·locar (a dalt) i retirar (a baix) el preservatiu masculí.

evita l'embaràs i protegeix davant les infeccions de transmissió sexual, entre elles la **sida.**

És important col·locar-lo correctament, ja que les fallades que puguin aparèixer acostumen a provenir d'una mala col·locació, una retirada inadequada o al trencament del preservatiu per no saber com utilitzar-lo.

- *Col·locació.* Es col·loca amb el penis erecte sempre abans de la penetració. Es pressiona la punta del preservatiu i es desenrotlla al llarg del penis fins a la seva base. Cal deixar un espai lliure i sense aire en l'extrem superior per retenir el semen sense produir el trencament del condó.

- *Retirada.* El moment adequat per retirar el preservatiu és abans de perdre l'erecció, perquè si no, es pot quedar dins de la vagina. Després d'usar-lo, mai s'ha de tirar al vàter, sinó al contenidor d'escombraries no reciclables.

El preservatiu és un mètode molt segur, amb una fiabilitat del 89-

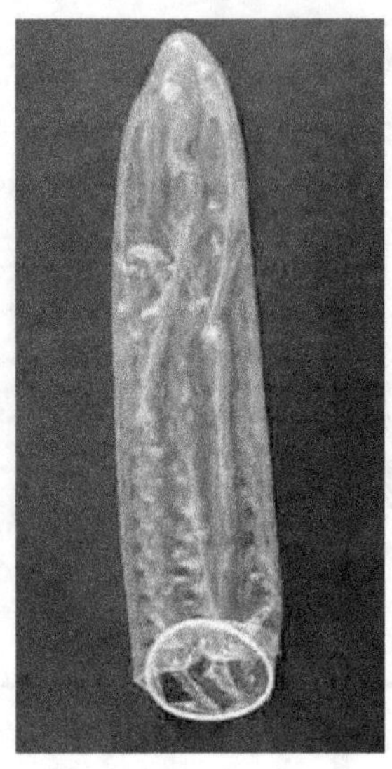

Models de preservatius: femení, a l'esquerra, i masculí, a la dreta.

96 %. Així i tot, cada vegada hi ha un nombre més gran de parelles que utilitzen una doble protecció, amb l'ús simultani de dos mètodes: la noia un anticonceptiu hormonal i el noi el preservatiu. D'aquesta manera, us preveniu alhora d'un possible embaràs i d'encomanar-vos una infecció de transmissió sexual.

La protecció és tan important per a tu com per a la teva parella. És aconsellable que abans d'iniciar relacions de penetració arribeu a un acord per decidir quin mètode anticonceptiu usareu.

- *Què cal fer si es trenca el preservatiu?* Si passa això, hi ha moltes possibilitats que es produeixi una fecundació, i amb ella un embaràs, encara que no s'hagi ejaculat a la vagina; de manera que has d'acudir a un centre sanitari i sol·licitar l'anticoncepció d'emergència, és a dir, l'anomenada píndola postcoital o «del dia després». Tens un termini màxim de 72 hores, des del moment del coit, de risc, ja que la seva efectivitat, tot i que és elevada, disminueix amb el pas del temps. La píndola és gratuïta i pots sol·licitar-la encara que siguis menor d'edat. També has de considerar el possible contagi d'alguna infecció de transmissió sexual.

Preservatiu femení

És menys conegut i s'utilitza menys que el preservatiu masculí. Consisteix en una funda de plàstic transparent, amb dues anelles als seus extrems, que s'ajusta a les parets de la vagina i funciona de forma similar al preservatiu masculí. És tan fàcil d'utilitzar com introduir-se un tampó.

Ofereix la mateixa protecció que el preservatiu masculí: davant d'un embaràs no desitjat i de possibles infeccions de transmissió sexual.

Mètodes hormonals

Els mètodes hormonals es basen en substàncies químiques, semblants a les hormones sexuals femenines, que actuen sobre el cicle hormonal de la dona impedint l'ovulació i, en conseqüència, l'embaràs. Són mètodes anticonceptius molt segurs i fiables.

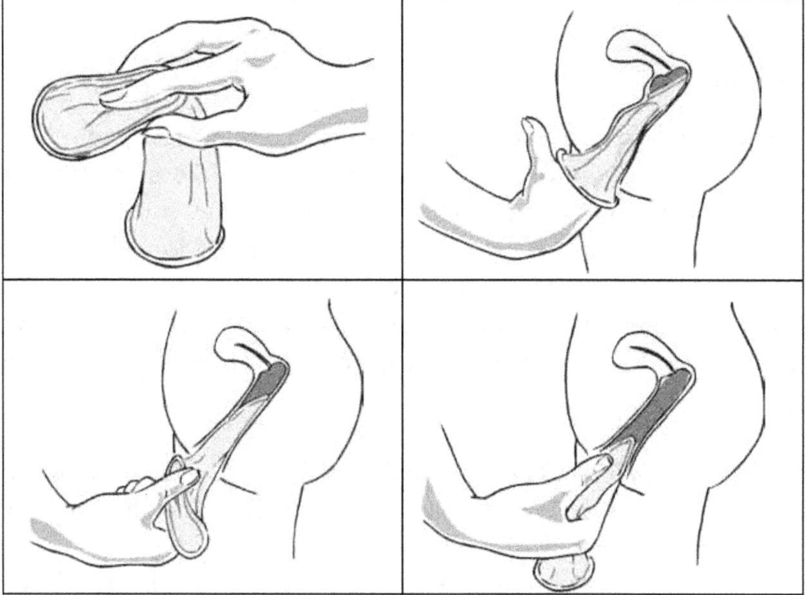

Manera de col·locar (a dalt) i retirar (a baix) el preservatiu femení.

> **Sabies que...?**
>
> • Per aprendre a utilitzar correctament el preservatiu en el moment del coit, pots practicar durant la masturbació, així t'acostumaràs a fer-lo servir.
> • Abans d'usar-lo mira sempre la data de caducitat que indica l'envoltori, obre'l per on t'indica i guarda'l en un lloc sec i accessible perquè no es faci malbé i no te'l deixis.
> • Si uses lubricant, aquest ha de ser acuós. Assegura't que a l'etiqueta s'indiqui que no fa malbé el preservatiu.
> • Un cop està usat tira'l a les escombraries no al vàter i comprova que no estigui trencat.

Hi ha diversos tipus: la píndola, l'anella vaginal, el pegat hormonal, els injectables hormonals, els implants hormonals, l'anticoncepció d'emergència (també coneguda como a «píndola del dia després») i el dispositiu intrauterí (DIU) Mirena (que explicarem quan parlem d'aquests dispositius).

La píndola

La majoria de píndoles anticonceptives són combinades, perquè contenen hormones similars a les que produeixen els teus ovaris: estrògens i progestàgens. També existeixen píndoles que només contenen gestàgens. El teu metge t'indicarà quina és la píndola més adequada per a tu.

Avui disposem de píndoles que, a més de ser molt eficaces per evitar embarassos i de tenir menys efectes secundaris, ofereixen avantatges com alleujar el dolor menstrual i pal·liar les alteracions de la pell com l'acné.

- *Com s'utilitzen?* N'hi ha de diferents tipus i presentacions. Hi ha envasos de 21, 22 i 28 comprimits. Es pren cada dia i a la mateixa hora.

  En el primer mes que s'inicia aquest mètode, la presa ha de coincidir amb el primer dia de la menstruació, els dies següents

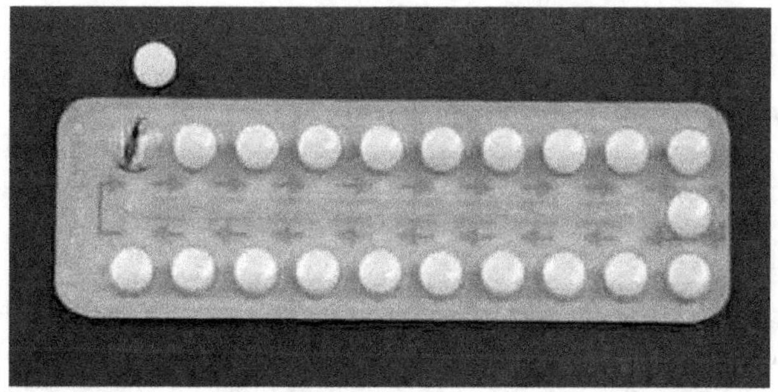

Presentació habitual de les píndoles anticonceptives.

es pren un comprimit per dia a la mateixa hora fins a acabar la capsa.

En el cas que la capsa contingui 21 comprimits, quan s'acaben es descansa una setmana, durant la qual apareix la menstruació. Acabada la setmana, es reinicia el procés amb una capsa nova.

Si hi ha 22 comprimits es descansa sis dies i es torna a començar.

Quan la capsa conté 28 comprimits no es descansa, s'acaba una capsa i se'n comença una altra, i la menstruació apareix mentre es prenen les últimes píndoles.

- ***Què s'ha de fer si t'oblides de prendre una píndola?*** Si han passat menys de 12 hores des de l'hora de la presa habitual, pren-la immediatament i continua la presa diària fins a acabar l'envàs. En aquest cas l'eficàcia no disminueix. Contràriament, si han transcorregut més de 12 hores, l'eficàcia anticonceptiva pot haver disminuït. Continua prenent-la, però has de consultar el metge o utilitzar preservatius fins a la propera menstruació.

- ***Què s'ha de fer si després de prendre la píndola tens diarrea o vòmits?*** Si tens diarrea o vòmits abans que hagin passat quatre hores d'haver pres la píndola, te n'has de prendre una altra, per-

---

Mites i dubtes més freqüents

- *La píndola té molts efectes secundaris.* Igual que tots els fàrmacs, en major o menor grau, pot causar efectes secundaris. Els més freqüents són cefalea, nàusees, dolor als pits i sagnat irregular, especialment quan s'inicia el mètode, però acostumen a desaparèixer al cap de dos o tres mesos.
- *Et protegeix de les infeccions de transmissió sexual.* Cap mètode d'anticoncepció hormonal protegeix d'aquestes malalties. Per això, en les relacions de risc, és recomanable utilitzar també el preservatiu.
- *La píndola engreixa.* Això no és veritat, però sí que és cert que algunes dones tenen més retenció de líquids.
- *Requereix períodes de descans.* No cal deixar de prendre la píndola, a menys que decideixis canviar de mètode anticonceptiu o que et vulguis quedar embarassada. Però vés amb compte, en moltes ocasions es produeixen embarassos no desitjats durant aquests períodes de descans.
- *Durant la setmana de descans et pots quedar embarassada.* Si et prens la píndola seguint les pautes que s'indiquen al prospecte, tens protecció durant tot el cicle menstrual, incloent aquesta setmana.
- *Si la prens durant molt de temps et pots quedar estèril.* La píndola no afecta la fertilitat, només impedeix l'ovulació.

---

què el teu organisme encara no l'haurà absorbit completament i no farà efecte. Per això és important que tinguis una capsa de píndoles de reserva per poder tornar a prendre'n una.

L'anella vaginal hormonal

Consisteix en una anella de plàstic flexible, suau i transparent, de cinc centímetres de diàmetre, que conté hormones molt semblants a les de la píndola, que va alliberant poc a poc durant tot el mes. Impedeix l'ovulació i els seus efectes secundaris són similars als de la píndola.

- *Com es col·loca?* La primera anella es pot col·locar des del primer dia de la regla fins a l'últim, però de la mateixa manera que amb la píndola, és aconsellable d'utilitzar també preservatius durant el primer mes d'ús. La col·locació és molt senzilla i còmoda. Es doblega i s'introdueix com si fos un tampó. Per retirar-lo només cal introduir el dit a la vagina, agafar-la i treure-la.

- *Com s'utilitza?* A cada capseta hi ha una anella que et serveix per un cicle complet. Es col·loca dins de la vagina durant tres setmanes seguides, en acabar la tercera setmana es retira i es descansa una setmana, durant la qual apareix la menstruació. En acabar la quarta setmana es col·loca una nova anella.

  La composició de l'anella és similar a la de la píndola, per la qual cosa actua de la mateixa manera. Es diferencien en la via d'administració (en aquest cas vaginal), la pauta d'administració (mensual i no diària) i en que en no passar per l'estómac no hi ha risc de mala absorció hormonal en cas de produir-se diarrea o vòmits.

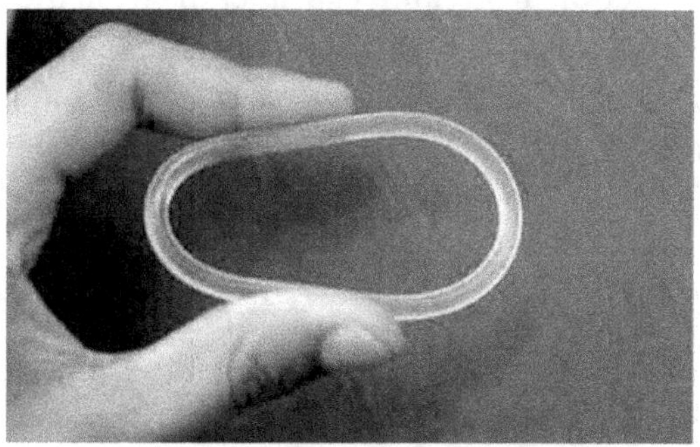

Imatge d'una anella vaginal hormonal.

Dubtes més freqüents

- *Es nota quan es tenen relacions sexuals amb penetració?* No es nota ni quan es tenen relacions ni en les activitats quotidianes.
- *Es poden usar tampons amb l'anella posada?* Sí.
- *Es pot usar juntament amb els preservatius?* Sí.

El pegat hormonal

Es col·loca directament sobre la pell i actua alliberant hormones que la pell absorbeix. Funciona igual que la píndola i l'anella, inhibint l'ovul·lació i, per tant, impedint l'embaràs. Els efectes secundaris són similars als d'aquests darrers.

- *Com es col·loca?* El pegat s'aplica en una zona sense pèl moixí, neta i sense crema. Es recomanen quatre zones del cos: les natges, l'abdomen, la part superior del tronc i la part exterior i superior dels braços, en un lloc on no fregui la roba. No s'han de col·locar en els pits. Es fa pressió fins que les vores estiguin ben enganxades. Convé anar alternant aquests llocs d'aplicació i comprovar cada dia que el pegat continua ben enganxat.

- *Com s'utilitza?* En una capsa hi ha tres pegats que serveixen per a un cicle complet. El primer pegat que et col·loquis ha de coincidir, preferiblement, amb el primer dia de la menstruació. Has de canviar-lo una vegada a la setmana durant tres setmanes, sempre el mateix dia. En la quarta setmana no s'aplica i es fa una setmana de descans durant la qual apareix la menstruació. Després d'aquesta setmana, s'aplica un nou pegat i comença un nou cicle.

Dubtes més freqüents

- *Què s'ha de fer si el pegat es desenganxa total o parcialment?* Si s'ha aixecat parcialment o ha caigut, has d'intentar tornar-lo a enganxar o aplicar-ne un de nou abans de 24 hores. Quan ha transcorregut més temps o si no estàs segura del temps transcorregut, en pot haver disminuït l'eficàcia i has de consultar el teu metge.
- *Puc estar segura de no quedar-me embarassada la setmana que no el porto?* Durant la setmana de descans tens protecció a partir del primer cicle.

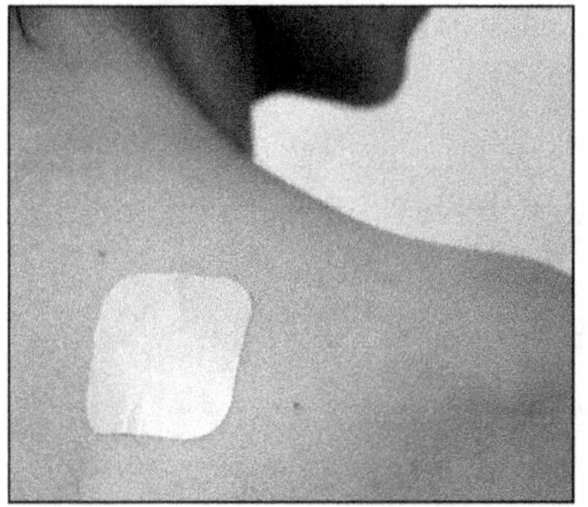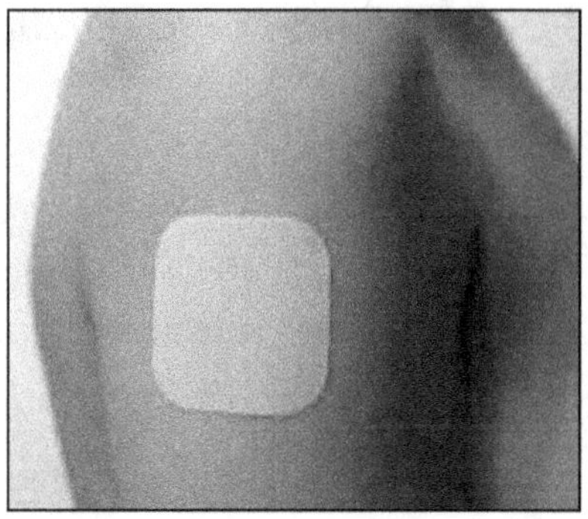

Zones on es pot col·locar el pegat hormonal.

Com en els altres mètodes hormonals, s'aconsella que durant el primer mes d'utilització s'acompanyi també del preservatiu. En cas de vòmits o diarrees no en disminueix l'eficàcia.

Injecció anticonceptiva

Injecció mensual o trimestral a base d'hormones que impedeix l'ovulació. La dosi d'hormones (progestàgen) es va alliberant durant un o tres mesos. Pot produir alteracions en el ritme menstrual amb períodes de falta de menstruació i d'altres d'hemorràgia.

S'utilitza només en cas que, per les seves característiques específiques, la dona no pugui utilitzar altres anticonceptius hormonals, ja que no té cap avantatge sobre aquests, sinó més aviat inconvenients.

Implant hormonal subdèrmic

És un mètode d'acció perllongada. Allibera hormones (progestàgens) de manera gradual durant tres o cinc anys. Impedeix també l'ovulació.

Consisteix en la inserció per part del metge d'una o dues varetes sota la pell del braç. És una intervenció quirúrgica breu que requereix una petita incisió, tant en la col·locació com en l'extracció.

Pot produir alteracions del ritme menstrual i només un metge te les pot insertar i extraure.

Píndola postcoital (o del dia després)

És un tractament hormonal que s'utilitza en aquells casos excepcionals en què s'han mantingut relacions sexuals sense protecció o s'ha produït una fallada en el mètode anticonceptiu habitual. El seu ús és ocasional i en cap cas ha de substituir un mètode anticonceptiu regular.

Dispositiu intrauterí o DIU

És un petit dispositiu de polietilè amb un filament de coure que el ginecòleg introdueix en l'úter. Dura entre 3 i 5 anys. N'hi ha de diverses formes i mides per adaptar-se al cos de la dona, disposa d'una càrrega de coure i d'hormones (DIU Mirena) i resulta altament eficaç.

- *Com funciona?* Impedeix el moviment dels espermatozoides per l'úter evitant que entrin en les trompes de Falopi i fecundin l'òvul. També modifica les característiques de l'endometri per impedir el desenvolupament d'un embaràs.

    Ha de ser col·locat i retirat només per personal mèdic especializatzat i, preferiblement, durant el període menstrual.

- *Per a qui és el DIU?* Resulta més adequat per a dones amb parella estable que ja han tingut un fill, tot i que també poden usar-lo les dones que no n'han tingut cap però que no toleren bé altres mètodes anticonceptius.

- *Quins efectes secundaris té?* El DIU pot afavorir períodes menstruals més llargs i amb sagnat més abundant, sobretot els primers mesos.

    Requereix controls periòdics, ja que poden aparèixer algunes complicacions, per exemple, ser expulsat de forma espontània. Si bé això és poc freqüent, comporta el risc d'embaràs, i sempre que experimentis un sagnat irregular o dolor intens has de consultar el teu ginecòleg per si calgués retirar-lo.

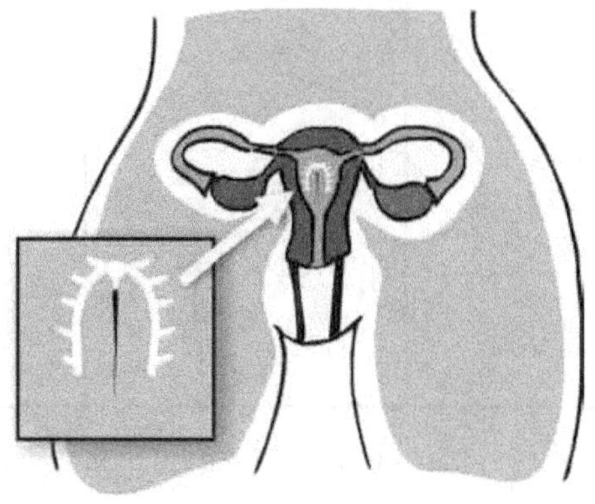

Esquema de la col·locació d'un DIU.

- *Quins són els avantatges?* Els més importants són que comença a tenir efecte anticonceptiu en el moment en què s'insereix i que no has de recordar de prendre't ni col·locar-te res entre tres i cinc anys.

El DIU Mirena és l'únic que en comptes de coure conté hormones. Aquest mètode l'utilitzen sobretot dones que pateixen transtorns menstruals en la premenopausa.

D'altres mètodes

Diafragma

És un caputxó de cautxú flexible i de forma circular que cobreix el coll de l'úter impedint el pas dels espermatozoides. S'ha de combinar el seu ús amb espermicides.

Hi ha diversos models i mides de diafragma. La seva utilització requereix ensinistrament previ per part del ginecòleg, que triarà el més adequat per a tu i la seva mida.

- *Com s'utilitza?* Te l'has de col·locar abans de l'acte sexual, sempre amb espermicida. Si te'l col·loques i passa més d'una hora

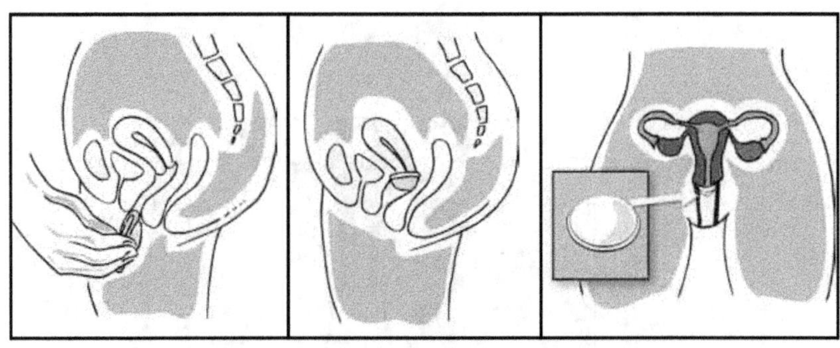

Manera de col·locar el diafragma.

sense haver tingut un coit, t'has de tornar a introduir a la vagina més espermicida.

Després de l'últim coit, i d'haver transcorregut com a mínim sis hores, retira el diafragma, renta'l amb aigua i sabó, i guarda'l per a la propera ocasió.

Si hi ha un nou coit s'ha de tornar a introduir crema espermicida abans i calcular les sis hores des de l'últim coit.

És un mètode molt eficaç si s'utilitza correctament. Com els altres, tampoc no té efectes secundaris per a la salut. Però recorda que no preveu les infeccions de transmissió sexual i que l'únic que ho fa és el preservatiu.

Espermicides

Són barreres químiques l'objectiu de les quals és fer mal als espermatozoides fent poc probable la fecundació.

Es presenten en forma de cremes i òvuls vaginals o espermicides. S'han d'aplicar en la vagina poc abans de cada contacte sexual (almenys quinze minuts abans).

A causa de la seva baixa eficàcia, en general només s'indiquen com a suport d'altres mètodes de barrera (per exemple el preservatiu o el diafragma) per augmentar-ne així la seguretat, o bé en èpoques de fertilitat reduïda (després d'un part, mentre s'està donant de mamar i encara no s'ha presentat la regla, en la premenopausa).

En molt rares ocasions, l'espermicida pot provocar una reacció al·lèrgica i produir pruïja i envermelliment de la zona genital.

Coit interromput (coitus interruptus)

No és pròpiament un mètode anticonceptiu. Consisteix en el fet que el mascle retiri el penis de la vagina abans d'ejacular. És poc segur perquè prèviament a l'ejaculació s'allibera líquid preseminal (aquest líquid que humiteja el gland, l'emissió del qual és involuntària) que ja pot contenir espermatozoides.

Els mètodes naturals

Hi ha una sèrie de mètodes anticonceptius que es basen en l'observació dels canvis que es produeixen en el cos femení durant el cicle menstrual. Consisteixen a evitar les relacions coitals quan s'està ovulant. Un dels més coneguts (per la seva utilització quan no hi havia altres mètodes més fiables i també per les seves fallades) és el mètode *Ogino-Knaus*. Calcula el dia probable d'ovulació i limita el coit als dies del cicle menstrual en què el risc de quedar-se embarassada és menor. Comporta l'abstinència sexual durant uns deu dies en cada cicle. En l'actualitat, quan s'utilitza se sol associar al coneixement de les característiques del flux vaginal (que canvia segons els dies del cicle per la influència hormonal) i es denomina mètode *sintotèrmic.*

El problema consisteix en què és difícil saber amb exactitud quan s'ovula, ja que l'ovulació està subjecta a múltiples variables, i si a més s'és jove com tu ho ets, la variabilitat s'accentua. Algunes dones ovulen just abans de la menstruació, altres just en acabar-la i altres encara quan estant menstruant; a més, cada dona pot ovular en cadascuna d'aquestes situacions depenent del cicle o de la situació física o emocional en què es trobin.

Esterilització (femenina/masculina)

Es tracta d'una intervenció quirúrgica que consisteix a tallar i lligar les trompes de Falopi en la dona (lligadura de trompes), i els conductes que duen els espermatozoides en l'home (vasectomia). Tots dos mètodes són irreversibles. El seu grau de fiabilitat és molt elevat, però no representa el 100 %.

La vasectomia pot ser reversible, però no sempre; depèn de les característiques de cada home, de com reacciona el seu cos i del nombre d'anys que fa que se li ha fet. Quants més anys hagin transcorregut des que se li va practicar, menys probabilitats hi ha de reversibilitat. L'home que se sotmet a una vasectomia ha d'estar segur que no vol tenir més fills.

Després de tot el que hem exposat, has decidit quin mètode utilitzaràs? És una decisió molt personal que has de considerar amb la teva parella, però el consell d'un professional tampoc no farà cap nosa. Encara que el mètode ideal no existeix, el millor per a tu serà aquell que resulti el més segur possible per evitar un embaràs i un contagi no desitjats.

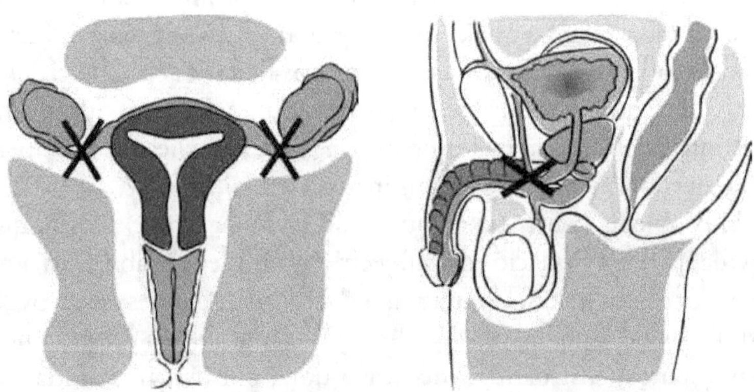

Esquema d'una lligadura de trompes (a l'esquerra) i d'una vasectomia (a la dreta).

Utilització incorrecta dels anticonceptius

Tal com hem vist anteriorment, els mètodes anticonceptius ben utilitzats són molt segurs, però en moltes ocasions no s'usen bé per desconeixement o per oblit. Les conseqüències d'això són disgustos, ansietat o por d'un possible embaràs o d'una infecció de transmissió sexual. Conèixer i reflexionar sobre els factors que influeixen en la mala utització dels mètodes anticonceptius és de gran ajuda per als professionals i les/els usuàries/aris. Pots prendre'n bona nota, perquè t'interessa conèixer-los per no equivocar-te.

La sexualitat, és molt més que un joc entre dos, i és important que coneguis bé des del començament totes les regles del joc.

Característiques dels usuaris que poden influir-hi

- Actituds com «a mi no em passarà» són molt ingènues. La realitat és que «sempre li passa a algú» del teu entorn.
- Percepció poc realista de les conseqüències de l'incompliment, que sens dubte passarà factura.
- Desconfiança en l'eficàcia del mètode (preservatius, DIU,...) deguda probablement a la poca pràctica, entre d'altres motius.
- Excessiva confiança en l'eficàcia del mètode (coit interromput) perquè *fins ara* mai no t'havia fallat.
- Més preocupació per l'embaràs que per les infeccions de transmissió sexual.
- L'edat influeix en la planificació de les coses. Sol haver-hi més oblits de la píndola en noies més joves que en dones de més edat. També cal tenir en compte que les noies joves tenen horaris més canviants, sobretot els caps de setmana.
- El nivell educacional. Hi ha estudis que relacionen un menor nivell d'instrucció acadèmica amb un major nombre d'oblits i d'incompliment anticonceptiu.
- L'estatus/entorn. Les persones amb situacions més conflictives en les seves relacions socials solen tenir més mala utilització.

- El desenvolupament personal. A més maduresa, més responsabilitat i millor utilització.

Aspectes del mètode anticonceptiu que els usuaris poden valorar com a negatius

- Instruccions complicades. No es comprèn prou bé la forma d'ús (anticonceptius, hormonals orals).
- Un mateix mètode pot ser difícil d'utilitzar per a uns i fàcil per a d'altres, depèn molt de si t'agrada el mètode.
- Els mites de l'anticoncepció i la sexualitat juguen en contra: la «no naturalitat» i la «premeditació» treuen interès.
- L'ús freqüent del mètode comporta un cost econòmic.
- La doble protecció per prevenir les infeccions de transmissió sexual suposa un cost econòmic afegit: el dels preservatius.
- Els efectes secundaris desanimen a utilitzar-los.
- Les característiques organolèptiques d'alguns mètodes són percebudes com a desagradables (espermicides, preservatiu femení).

Alguns mètodes requereixen un control sanitari menor, per la qual cosa el seu seguiment es redueix i també la seva utilització correcta i continuada.

Característiques de l'entorn

- Problemes de comunicació en el si familiar i amb l'entorn (amics, professors...).
- Un alt conflicte entre les normes que imposa la família i la realitat social del/la jove respecte a les conductes que ha de seguir.
- Consideracions de gènere (la dona que porta preservatius a la bossa no està ben vista) que perjudiquen la imatge de la noia.

Característiques de l'estructura sanitària

- Dificultat per anar al centre sanitari per pensar que «no tinc la tar-
geta sanitària» o «l'he de demanar a la meva mare i se n'adonarà...».
De vegades, l'accés dels joves als serveis sanitaris és difícil.
- Les llistes d'espera retarden la visita als especialistes.
- Els canvis de professionals sanitaris en les consultes no ajuden a
crear un clima de confiança entre metge i pacient.
- El cost de l'assistència sanitària privada no és fàcil de sufragar si
no es tenen ingressos fixos.

Característiques dels/les professionals sanitaris/àries

- Professionals amb aptituds i actituds negatives envers la pràctica
del sexe entre els joves.
- Absència d'instruccions escrites precises que la joventut pugui
seguir pel seu compte.
- Llenguatge massa tècnic que impedeix al/la jove entendre el pro-
fessional i prendre la decisió més adequada.

A l'Estat espanyol, la taxa d'embarassos no desitjats en adolescents
augmenta cada any. El preservatiu masculí és el mètode més utilitzat,
seguit dels anticonceptius hormonals orals.

Potser s'hauria de considerar l'ús simultani de dos mètodes anti-
conceptius o la doble protecció (el preservatiu masculí per la seva pro-
tecció davant de les infeccions de transmissió sexual, i els anticoncep-
tius hormonals orals per la seva eficàcia contraceptiva), tal com s'està
popularitzant en alguns països del nord d'Europa, com a possible al-
ternativa per a pal·liar aquest problema.

Infeccions de transmissió sexual

Les infeccíons de transmissió sexual (ITS) són totes aquelles que pre-
senten caràcter infecciós i que es transmeten principalment a través

de les relacions o els contactes sexuals, quan no s'utilitzen preservatius. Això no obstant, també pots encomanar-te si reps una transfusió de sang contaminada.

Durant els últims vint anys s'ha produït un gran canvi en les infeccions de transmissió sexual. Hem passat de les clàssiques com la sífilis i la gonocòccia, malalties bacterianes que es curaven mitjançant dosis d'antibiòtics, a les malalties víriques actuals, entre elles la sida, per a les quals no hi ha un tractament curatiu definitiu. Tanmateix, hi ha alguns medicaments que ajuden a frenar l'avanç d'aquestes malalties i que fins i tot són capaços de mantenir en vida la persona afectada durant anys, millorant-li significativament la qualitat de vida. També hi ha vacunes contra l'hepatitis B i, recentment, contra el virus HPV (virus del papiloma humà). Així i tot, la millor defensa és la prevenció.

Les infeccions de transmissió sexual, i en concret la sida, constitueixen avui la primera causa de malalties infeccioses en molts països.

Quines infeccions són les més freqüents?

En l'actualitat, les infeccions de transmissió sexual, també anomenades venèries, més freqüents són:

- la sífilis,
- la gonocòccia,
- les infeccions per clamídies,
- l'herpes genital,
- la sida,
- les hepatitis B i C,
- els condilomes (berrugues genitals) i
- els triconomes.

Com saps si tens una infecció de transmissió sexual?

Els símptomes poden ser molt variats: picors en els genitals, envermelliment de la vulva o del penis, granets o descamació, flux vaginal alterat, secreció per la uretra després d'orinar o dolor en mantenir relacions amb penetració, entre d'altres. També poden aparèixer úlceres, butllofes o berrugues en els genitals o al seu voltant.

Pel que fa a les noies, és molt important que vagis al metge quan t'aparegui un flux vaginal diferent de l'habitual, bé sigui perquè canviï de color o perquè es torni més espès o escumós, quan tinguis picors en la vulva o la vegis molt envermellida.

Si ets un noi, has d'estar alerta si observes secreció en el penis, si s'envermelleix el gland o si es descama.

Moltes de les malalties mencionades no donen símptomes, de manera que és possible que no sàpigues que la pateixes fins molt de temps després de contraure-la. Reiterem per això l'ús correcte del preservatiu. Per sortir de dubtes, pots sol·licitar al teu metge que et faci una senzilla anàlisi de sang per detectar si tens el **virus del VIH.**

Tots els experts estan d'acord pel que fa a contreure infeccions de transmissió sexual. Les relacions sexuals primerenques, la inexperiència, l'espontaneïtat i les característiques del seu comportament sexual, sovint acompanyat del consum d'alcohol i d'altres drogues, així com la dificultat d'accés al sistema sanitari, són factors que faciliten que els joves contreguin més i més sovint aquestes infeccions; sumat tot plegat a l'ús inadequat o al no ús del preservatiu.

Què és la sida?

La sida (síndrome d'immunodeficiència adquirida) constitueix una de les malalties infeccioses més greus del nostre temps. Segurament, és la infecció de transmissió sexual que més has sentit anomenar. La produeix el virus VIH, que es troba en els fluids corporals i que és transmès per la sang, el semen i les secrecions vaginals.

El virus ataca i destrueix les cèl·lules del sistema immunològic i deixa la persona sense defensa davant les infeccions i les malalties de l'exterior. De manera que qualsevol altra malaltia, per lleu que sigui, ens pot danyar seriosament.

No tots els infectats de sida desenvolupen la malaltia, algunes persones només són portadores del virus, però aquestes persones «aparentment sanes» poden encomanar-la a una altra i aquesta sí que pot desenvolupar-la.

Hi ha moltes persones al món que són portadores del VIH i no ho saben, i per tant en contagien d'altres quan mantenen relacions sexuals sense preservatius.

Per evitar un possible contagi, et proposem que prenguis les precaucions següents:

- Utilitza sempre preservatiu durant la penetració.
- No comparteixis xeringues, fulles d'afaitar, raspalls de dents ni materials que hagin estat en contacte amb la sang d'una altra persona i no s'hagin esterilitzat adequadament.
- Assegura't que els teus *piercings* i tatuatges els realitza un professional que compleix escrupulosament totes les normes d'higiene.

Com a conclusió, insistim que el millor mètode per estar tranquil en les teves relacions sexuals coitals i gaudir-ne plenament és el preservatiu. Et dóna seguretat perquè et protegeix a tu i a la teva parella d'un embaràs no desitjat i de les infeccions de transmissió sexual.

• **No gaudiràs de la sexualitat si et preocupa la possibilitat de quedar-te embarassada o de contraure una infecció de transmissió sexual.**

• **Com a conclusió, insistim que el millor mètode per estar tranquil en les teves relacions sexuals coitals i gaudir-ne plenament és el preservatiu. Et dóna seguretat perquè et protegeix a tu i a la teva parella d'un embaràs no desitjat i de les infeccions de transmissió sexual.**

Capítol 4
Amor i sexe

Per començar aquest tema et proposem que llegeixis les preguntes que segueixen a continuació:

- És normal ser tímid als dinou anys?
- Quina és l'edat idònia per mantenir relacions sexuals?
- Com puc dir-li a aquesta noia que l'estimo?
- És el noi qui ha de donar el primer pas?
- Com puc saber si li agrado a una noia?
- Com puc cridar l'atenció d'un noi sense que es noti massa?
- Com s'està segur que s'està enamorat?
- Com puc aconseguir que el noi més atractiu es fixi en mi?
- Portem dos anys com a amics. Com li dic que vull alguna cosa més que una amistat?
- Com puc acabar una relació sense fer mal a la meva parella?
- En aquest moment surto amb la noia que m'agrada, però tinc por que algun dia em deixi. Què puc fer?
- Desitjo molt en Lluís, tant com per tenir-hi relacions sexuals, però crec que no n'estic enamorada. És normal?
- Fa gairebé un any que surto amb el meu nòvio, i jo sé que a ell li agradaria que féssim l'amor, però a mi m'agrada que només ens fem alguns petons. Encara no vull tenir relacions sexuals. Em pot deixar d'estimar?

Et resulten familiars? Estem segurs que en algun moment una o moltes de les preguntes anteriors t'han passat pel cap i que davant de determinades situacions, encara tornen a aparèixer, moltes vegades sense resposta.

Et proposem de treballar-hi. Com? Com si visquessis aquestes situacions:

- Busca un lloc agradable, pot ser la teva habitació, però una mica més arreglada de l'habitual, tria la il·luminació i cuida la temperatura (ni massa calor ni massa fred).
- Posa una música de fons que t'agradi i et relaxi.
- Tanca els ulls un moment i pensa en totes les vegades que t'has enamorat o en aquella que ha estat molt especial per a tu, el primer petó que vas fer a la teva persona especial... Te'n recordes? Sents en el teu cos aquell calfred? Sent-lo. Pren-te el temps que necessitis, no tens cap pressa...

Ara continua llegint.

Les emocions positives i l'enamorament

Al costat de tots els canvis físics que s'experimenten en l'adolescència, apareixen unes sensacions que ens «desborden». Si ens preguntessin «què sents?», no ho sabríem definir amb paraules. És una **alegria** intensa o, més ben dit, una **eufòria** que ens inunda quan tenim davant o pensem en una persona determinada. Pensem en aquesta persona encara que no hi sigui, i aquest únic pensament ocupa gran part del nostre temps (a classe, quan estem amb els amics, mentre mengem, quan anem a dormir... durant tots els dies de la setmana), fins i tot ens fa perdre la gana. El nostre cor batega més de pressa, la respiració s'accelera, l'expressió de la nostra cara és... Què podem dir de l'expressió de la cara, d'aquest somriure fluix, la mirada gairebé perduda i aquesta brillantor tan especial dels ulls...? Inoportunament, algú et parla sense que tu te l'escoltis i al final t'engega una pregunta feridora: «Que ets a la lluna, o què et passa?».

L'enamorament
s'identifica amb un
sentiment d'eufòria.

El que passa en realitat és que **estàs enamorat.**

Hi ha moltes definicions sobre l'enamorament: Hatfiel i Walster, el 1978, el van definir com «un estat de desig intens per la unió amb una altra persona»; per a altres és com «un estat emocional salvatge en el qual la tendresa, els sentiments sexuals, l'alegria i el dolor, l'ansietat i l'alleujament, l'altruisme i la gelosia coexisteixen en una confusió de sentiments».

Aquest enamorament anirà canviant al llarg del temps. Pot ser que al començament t'interessis de manera molt especial per un professor, un cantant, un actor... Més tard o més d'hora et fixaràs en una persona que forma part del teu entorn, potser el teu millor amic, un company de classe, o aquell noi o aquella noia que vas conèixer durant les últimes vacances.

No hi ha una edat concreta per enamorar-se ni tampoc és una cosa exclusiva de l'adolescència, ja que les persones grans (de totes les edats) s'enamoren i senten el mateix que sents tu quan et passa. Probablement (i us desitgem que sigui així), t'enamoris moltes vegades al llarg de la teva vida. És un fet completament normal, i les sensacions seran iguals o molt semblants a les que hem descrit, només variarà la seva intensitat.

El que sí pot canviar és la manera d'enamorar-se: podem així distingir diverses formes d'enamorament:

- lligar;
- l'amor a primera vista;
- l'amistat que es converteix en alguna cosa més;
- el consol, que és una relació que sorgeix just després d'acabar-ne una altra i amb la qual la comparem...

Pot ser que hagis experimentat totes o només algunes d'aquestes formes, tampoc no hi ha una edat concreta per a cadascuna. Tot això forma part de la teva pròpia evolució en la vida, i a mesura que transcorri el temps també canviaran els teus desigs i les teves necessitats, tant en aquest aspecte com en molts altres (als vint anys no t'agraden las mateixes coses que als quinze, ni que als cinquanta).

Els dubtes: l'altra cara de la moneda

Si bé l'eufòria és un sentiment amb el qual ens identifiquem en enamorar-nos, aquest no és l'únic que experimentem, oi? Al costat de l'eufòria inicial apareixen els dubtes, la inseguretat, la incertesa... tot és tan contradictori... Alhora ens preguntem si «li agradaré o no», o com dir-li que «m'atreu», o com actuar a cada moment. Tranquil, tenir aquests dubtes és el més normal.

Imagina't aquesta situació: fa poc dies, en Pau em va comentar que es sentia ridícul perquè després d'haver aconseguit d'acostar-se a la Sònia, la noia que feia temps que li agradava, només li va poder preguntar: «T'agrada el que estàs estudiant?». No se li va acudir res més perquè va començar a pensar coses com: «Pot pensar que a mi què m'importa si li agrada o no el que estudia. És una pregunta ximple que no és adequada en aquest moment, però què puc dir-li si no se m'acut res? M'estic posant nerviós i ja no sé ni com posar les mans». Finalment, en Pau va donar a la Sònia el seu telèfon, però ha passat una setmana i ella no l'ha trucat. En Pau pensa que se n'estarà burlant per no haver reaccionat de la forma correcta. «Pensarà que sóc un babau.» En Pau està intentant d'endevinar el pensament de la Sònia, però, com pot saber el que pensa si ni tan sols la coneix? T'ha passat això alguna vegada?

Quan posem els nostres pensaments en la ment d'una altra persona (pensaments gairebé sempre negatius sobre nosaltres mateixos), la majoria de les vegades ens equivoquem. En conseqüència, actuem d'una manera no desitjada i la jugada ens surt malament. Se'ns en van les ganes de tornar a provar de relacionar-nos amb aquesta persona perquè anticipem que fracassarem.

Potser puguem aprendre alguns trucs per acostar-nos a aquesta persona tan especial i iniciar-hi una conversa natural sense que ens agafi el pànic.

Habilitats per a enamorar

Quan t'envaeix el desig de conèixer la persona que tant t'atrau, segurament estaràs molt preocupat per saber com dirigir-t'hi i deixis de pensar en tu mateix. Amb això et volem dir que abans d'iniciar aquest pas et fixis en com et valores (és a dir, en l'autoconcepte) i en com t'estimes (és a dir, en l'autoestima). Si realment creus que tens virtuts i que ets digne de ser estimat podràs creure en els valors dels altres i **exterioritzar els teus sentiments** envers ells, i així serà molt més fàcil que s'enamorin de tu.

L'autoconcepte i l'autoestima

Estimar-se i valorar-se no és el mateix, per això definirem els dos conceptes a continuació.

L'*autoconcepte* és la conseqüència de la interacció de tres percepcions existencials:

1. La idea o imatge que tenim de nosaltres mateixos.
2. La idea o imatge que els altres tenen de nosaltres.
3. La idea o imatge que tenim dels altres.

Està relacionat amb la presa de consciència de les nostres virtuts i dels nostres valors personals. Sense un bon autoconcepte és difícil despertar l'interès dels altres i aconseguir que ens estimin. És l'aspecte psicològic que influeix més directament en la millora de la capacitat d'enamorar.

L'*autoestima* és l'altre element que necessitem per consolidar la nostra capacitat d'enamorar; es forma a partir de les nostres vivències afectives de la infantesa, és una conseqüència del que ens han estimat. A nivell inconscient, l'afecte que rebem es transforma en autoestima a través d'un procés que tindria la forma següent:

1. La gent m'estima, això deu significar que sóc digne de ser estimat.
2. M'agrada que m'estimin, per tant, rebre afecte és una cosa bona.
3. Si a mi m'agrada que m'estimin, als altres també els deu agradar.
4. Com que estimar és bo i jo sóc digne de ser estimat, procuraré tenir relacions en les quals pugui donar i rebre aquest sentiment.

Les persones estem en diàleg continu amb nosaltres mateixos; això significa que totes les situacions que vivim al llarg del dia desencadenen en nosaltres una determinada emoció que depèn de com les interpretem. Per tant, no són les situacions en si les que ens fan sentir d'una manera determinada, sinó el que nosaltres en pensem. Per exemple, quan la teva mare et diu que tens l'habitació molt desordenada pot estar enfadada, però potser per a tu ja està bé com està i ho sents amb indiferència. Fixa't que les dues emocions (la de la teva mare i la teva) són diferents davant d'una mateixa situació. Amb l'autoestima passa una cosa semblant; si aquesta és normal ens acceptarem tal com som i interpretarem que el nostre físic i la nostra manera de ser i de fer estan bé; però si és baixa, el nostre diàleg intern serà negatiu, pensarem que no valem per a determinades coses o que el nostre físic no cridarà l'atenció de la persona que tant desitgem. Si pensem així, al final es compliran les nostres expectatives perquè evitarem la relació o fins i tot estarem donant una imatge negativa de nosaltres mateixos, els altres la captaran i ens veuran també de forma negativa. (Et suggerim que et fixis en el teu cercle familiar o d'amics i observis quines emocions et transmeten.)

Una **autoestima positiva** pot aprendre's, així que et proposem un exercici per potenciar-la:

1. Fes una llista de les teves qualitats positives. Al començament et pot costar una mica perquè tendim a pensar més en el que és negatiu, que ens surt de forma automàtica. L'exercici consisteix en treure de tu just tot el contrari. Aquí en tens un exemple:

   —Tinc el cabell castany i els ulls clars.
   —Tinc un somriure bonic.
   —Sóc una persona responsable.
   —Sé escoltar els altres.
   —Sóc ordenat.
   —...

2. Prova de repetir la teva llista de qualitats almenys tres vegades al dia. Al cap d'una setmana en començaràs a veure els resultats.

Suposem que has reflexionat sobre aquests dos conceptes i que la teva autoestima i el concepte que tens de tu mateix/a són ara molt més elevats. Així i tot, després de tot l'esforç, la persona que desitges que es fixi en tu, no ho fa. Segur que saps que algunes coses no depenen únicament de tu. Pot ser que siguis una persona encantadora, però cada un de nosaltres ens formem una idea de la nostra parella ideal, i és possible que la d'aquest/a jove que tant t'atrau no coincideixi amb la teva. En aquest cas, és millor deixar les coses com estan i no insistir-hi, ja que això repercutiria de manera negativa en la teva autoestima. Pensa que si has fet una passa endavant i no has estat correspost, la relació no val la pena.

Després d'això podem donar pas a les habilitats socials, que són el conjunt de recursos que tens per relacionar-te amb els altres.

La conversa

Una de les habilitats més importants és saber **iniciar i mantenir una conversa.** La millor manera de fer-ho és dirigir-te directament a la persona que t'interessa: és l'única manera de comprovar si en realitat algú t'agrada o si només te n'havies format una idea errònia. De vegades ens imaginem com és aquesta persona per la idea preconcebuda que tenim al nostre cap de les qualitats que tindrà el noi o la noia dels «nostres somnis». Sabies que com més atractiva ens sembla una persona més qualitats positives tendim a atribuir-li? Pensa que com més contacte real tinguis amb aquesta persona, millor sabràs si encaixa o no amb el que tu consideres la teva «parella ideal».

Imagina't aquesta situació: la Laura i en Robert coincideixen cada dia a la parada de l'autobús per anar a l'institut. Encara no es coneixen, però la Laura se sent atreta per en Robert des del primer dia de curs. S'imagina que és el noi que sempre ha somiat: ben plantat, dolç, simpàtic... amb un somriure que «et fa fondre quan va dedicat a tu». La Laura no sap si en Robert pensa el mateix d'ella i el trimestre és a punt d'acabar, la qual cosa significa que estaran un quant temps sense veure's. Així que avui ha decidit fer el pas i sortir de dubtes; de tota manera, si ella no li agrada no hi té res a perdre. La Laura inicia la conversa:

Laura: (S'ha assegut al costat d'en Robert i comença a parlar.)
Perdona, està ocupat aquest seient?
Robert: No, pots seure, si vols.
Laura: Ja falta poc per a les vacances, quin curs fas?

Saber iniciar i mantenir una conversa és una habilitat que ens facilita la relació amb els altres.

Robert: 2n de batxillerat. El curs vinent començaré la universitat.

Laura: Què t'agradaria estudiar?

Robert: Encara no ho tinc molt clar, però m'agraden les mates i la física.

Laura: Jo sóc més de lletres. Prefereixo la història i la literatura, encara no sé si anar a la universitat o fer un mòdul. De moment, el que em ve més de gust és gaudir de les vacances que ja tenim a sobre. (L'autobús és a punt d'arribar i els dos joves s'acomiaden fins demà.)

Com hauràs observat, no és difícil iniciar una conversa, ja que es pot parlar de qualsevol cosa, no tens perquè dir-li directament el primer dia com t'agrada, però això t'obre una porta per poder-ho fer quan ho creguis convenient.

Els compliments

Una altra habilitat bàsica en l'art d'enamorar consisteix a saber **fer i rebre compliments.** És una cosa que fem sovint i pot ser que no en siguem conscients. Tot hi que hi ha molta gent a qui els costa de rebre'ls. I els costa perquè pensen que no són certs o creuen que qui els fa no els fa de manera totalment sincera.

Un d'aquests casos és el de l'Andrea i en Toni. Surten els caps de setmana amb un grup d'amics, però fa temps que passa alguna cosa especial, i gairebé sempre hi ha més interacció entre ells que amb la resta del grup (s'asseuen l'un al costat de l'altra, ballen plegats, parlen més entre ells...). Aquesta nit en Toni ha apreciat que l'Andrea estava especialment bonica i s'hi ha dirigit per dir-li:

Toni: Quina faldilla més bonica que portes.
Andrea: Què dius, si em queda horrorosa.
Toni: Doncs a mi m'agrada moltíssim.
Andrea: Que em prens el pèl?

Quantes vegades t'ha passat això? Com creus que es pot sentir en Toni?

Pot ser que alguna vegada no t'agradin gaire la roba, el pentinat o les sabates que portis, però el correcte és agrair el gest a la persona que et fa el compliment. En aquest cas l'Andrea podia haver contestat així: «Celebro que t'agradi, encara que a mi no m'acaba de convèncer».

Quan fas un compliment estàs expressant un sentiment positiu envers la persona a qui va dirigit, i no hi ha res més gratificant que aquesta el rebi amb gust. Això ens fa sentir bé.

Tot comunica

Un altre aspecte que has de tenir en compte és la teva **comunicació no verbal**. Què significa això? Significa que el nostre cos ens delata: no sabem què fer amb les mans, on mirar... de vegades els nervis o la timidesa s'apoderen de nosaltres i ens resulta difícil relacionar-nos amb aquesta persona que ens fa sentir tan bé quan la veiem o hi pensem; llavors optem per no acostar-nos'hi perquè no sabem què dir-li, o perquè quan ho hem fet ens ha produït la sensació d'haver-nos comportat com «idiotes». Mentrestant, «se n'ha anat l'oportunitat» i quan ens n'adonem ell o ella ja surt amb una altra persona.

Per això és important que quan et dirigeixis a aquesta persona la miris als ulls, no a terra ni defugis la seva mirada; mantinguis una postura alçada, un to de veu ferm i procuris que els teus gestos acompanyin les paraules. Si et resulta difícil, perquè al principi és normal que estiguis nerviós, t'ajudarà molt escriure primer què li vols dir i assajar després davant d'un mirall o d'un amic. Amb un amic serà molt més fàcil perquè pot fer el paper de l'altra persona i després us podeu intercanviar els papers. Això últim t'ajudarà a comprendre com pot sentir-se la persona a la qual va dirigida la teva conversa i, d'altra banda, si ja has previst el teu comportament és més difícil que els nervis et juguin una mala passada i et quedis amb la ment en blanc, sense res a dir. Recorda't de respirar profundament abans de començar. És fonamental!

El que hem dit fins ara es pot considerar el pas més important quan s'inicia una relació de parella, sigui amb intenció d'estabilitat o sense. Et donarà la confiança i la seguretat que necessites en tu mateix i t'ajudarà a saber realment el que vols (no a imaginar-t'ho), per poder prendre una decisió sense tenir la sensació que has fracassat. Així i tot, després d'aquest pas et continuaran sorgint preguntes respecte a quan és el moment de fer el primer petó o d'iniciar una relació sexual amb aquesta persona que t'atreu tant, que et fa sentir el/la més afortunat/ada del món i que et posa el cos a mil quan està a pocs centímetres de distància. Li dono la mà? Li faig un petó? I si pensa que vaig massa de pressa? I si espera que faci el primer pas?

Clarifica la teva relació

En les relacions de parella no hi ha unes passes fixes a seguir. Des de la primera conversa o la primera cita a soles fins al moment d'una relació sexual pot transcórrer poc o molt temps, tot depèn de vosaltres, cada parella té el seu propi ritme. D'altra banda, **les relacions sexuals no es redueixen al moment de l'acte sexual.** Saps que hi ha sensacions molt fortes i gratificants en una mirada, un somriure, un gest, un detall, una paraula, un missatge de mòbil... Pensa en les sensacions que es desencadenen pel sol fet de tenir al costat aquesta persona de la qual estàs enamotat/ada i viu-les! Perquè si et passes el temps pensant en el que has o no has de fer, o si és o no és el moment, t'estaràs perdent moltes coses imprescindibles perquè les relacions sexuals funcionin bé a curt i a llarg termini (pots consultar el capítol dedicat a les disfuncions sexuals).

Sigues tu mateix. Si en aquest moment et ve de gust agafar-li la mà, fer-li un petó, una abraçada, acariciar-la... endavant! Aquest és un dels drets bàsics de la sexualitat: «Fes tot el que vulguis», però sempre sabent quines són les conseqüències dels teus actes i anant molt en compte de no hipotecar-hi la teva vida. Per exemple, pot ser que vulguis tenir relacions sexuals sense usar el preservatiu; sí, tens dret a desitjar-ho, però, saps quines poden ser les conseqüències? Desitges aquestes

---

Aspectes clau en la ruptura d'una relació

- *Si la relació no funciona, no val la pena «entossudir-se» en continuar-la,* perquè potser el que estàs buscant en aquesta relació sigui el teu ideal de parella i no el que és en realitat.
- *De tots els errors o males experiències aprenem coses positives,* encara que en el moment de la ruptura no puguis veure-les.
- *Trencar una relació a temps et dóna seguretat* per plantejar-te què desitges i què no desitges realment d'una relació, i et permet buscar solucions per a allò que abans no va funcionar.
- *Dóna't permís per sentir-te malament després d'una ruptura.* El normal és que estiguis trist, ja que quan es comença alguna cosa amb il·lusió no es pensa que pugui acabar algun dia, no tindria sentit.
- *No deixis de relacionar-te amb la gent que t'envolta ni et tanquis en tu mateix/a.* Encara que al començament et costi, fes coses que t'agradin, et diverteixin o et distreguin.
- *Si la decisió de trencar ha estat teva i estàs preocupat/ada per haver-li fet mal,* pensa si és pitjor que continuïs al seu costat sense sentir res. Quin sentit té?

conseqüències? D'altra banda, la teva parella també té dret a dir «no» a la teva petició, igual que el tens tu, perquè aquest és un altre dels drets fonamentals: «No facis el que no vulguis».

És important que parleu de les coses que us preocupen, us inquieten, us interessen o desitgeu. Això s'anomena **comunicació**, i és fonamental per saber en quin moment us trobeu, per conèixer què li agrada o què no li agrada, saber per què reacciona d'una o una altra manera davant d'una situació i, sobretot, per no haver d'«endevinar» el que l'altre pensa.

Emocions negatives

Dèiem abans que quan ens enamorem no totes les sensacions són positives. Algunes vegades sentim inseguretat, ansietat, incertesa... Però una de les més comunes és la **por** en pensar que «potser no estem a l'altura», «no li agradem prou» o «i si deixa d'estimar-me?, i si em deixa?». Vés amb compte amb aquesta sensació perquè si deixes de ser tu mateix per ser com vol la teva parella que siguis o per fer coses que li agradin a ellla però que a tu et disgusten, la teva relació pot convertir-se en una relació de **dependència**, i això et conduirà a experimentar una altra sensació desagradable i contradictòria: «No estic còmode/a amb la meva parella, però no puc deixar la relació». Tard o d'hora aquesta relació acabarà «no gaire bé». D'altra banda, planteja't seriosament si desitges estar al costat d'una persona que no t'accepta o que no et deixa ser tu mateix/a.

La dependència

És la necessitat afectiva extrema que una persona sent cap a una altra al llarg de les seves diferents relacions de parella.

Si una relació s'acaba, doncs s'acaba; el fet no té perquè tenir una major transcendència. És un fet normal en una etapa de la teva vida en la qual res no és del tot estable i contínuament estàs prenent decisions per clarificar què vols fer amb el teu futur, com desitges que sigui.

Per descomptat, no sempre és fàcil saber què és el millor per a tu; tanmateix, respondre a aquesta pregunta: «Què he après d'aquesta experiència?», i reflexionar sobre els punts clau que t'exposem a continuació pot donar-te algunes pistes.

Hi ha una cançó de Pastora Soler que diu: «El que s'acaba, s'acaba, i és millor deixar-ho així. Ni tu te'n mors de ganes ni jo em moro per tu...».

Imagina aquesta situació: l'Anna i en Miquel van començar a sortir com a parella fa dos anys. Tots dos tenien el seu grup d'amics, però el que sentien l'un per l'altre era tan fort que només desitjaven estar el màxim temps possible junts i a soles. Era molt bonic al principi, però de mica en mica i sense adonar-se'n van deixar de veure's amb els amics i de fer les activitats que els agradaven. A en Miquel li encantava jugar a futbol, de fet, pertanyia a un equip petit. L'Anna cantava en un grup que havia format amb tres amics més. Actualment, en Miquel i l'Anna no poden estar separats, però no per l'amor que es tenen, sinó perquè l'un no es fia de l'altre quan no hi és present. Ha aparegut la gelosia i les discussions són contínues. Cap dels dos no gosa deixar la relació pel dolor que comportaria fer aquest pas per a ells, i perquè pensen que es pot arreglar, que en el fons s'estimen.

T'ha passat això en alguna ocasió? Creus que hi ha amor entre l'Anna i en Miquel o que n'hi va haver alguna vegada?

La gelosia

És un estat emocional negatiu provocat quan perceps que la teva relació està amenaçada per una tercera persona, que pot ser real o imaginària.

En general, la gelosia provoca molts sentiments negatius com dolor, ràbia, hostilitat, angoixa... que transmetràs a la teva parella, pot ser que a través d'insults, crits, males cares o incomunicació.

Sigui gelosia fonamentada o no, abans d'actuar reflexiona sobre com creus que reaccionarà la teva parella davant d'un comportament

El fet que una relació s'acabi és una cosa normal en una etapa de la teva vida a la qual res és del tot estable i encara has de clarificar el teu futur.

així. Serà comprensiu/va? Et donarà la raó? Es preguntarà què t'ha passat?... O potser reaccionarà igual que tu?

Normalment, es produeix un cercle viciós que fa que l'altra persona tendeixi a respondre de la mateixa manera. Si és així, com et sentiràs tu?

Novament et convidem a pensar que et plantegis si val la pena continuar amb algú que no t'ofereix la confiança suficient, o que almenys tu ho sents així. Mira també la teva autoestima, perquè a menor autoestima, major tendència a sentir gelosia.

De l'enamorament a l'amor

Si te n'adones, des que hem començat el capítol no hem mencionat encara la paraula «amor». Què és l'amor? Com sé que estimo una persona? És el mateix enamorament que amor? En què s'assemblen? En què es diferencien? Es pot estar enamorat i estimar alhora?

Segurament, t'hauràs fet moltes vegades aquestes preguntes al començament o en el trancurs d'una relació (corresposta o no). No és fàcil fer una descripció objectiva d'aquest sentiment (en general, de cap), per això de vegades confonem estar enamorat i estimar.

Perquè t'aclareixis una mica, direm que enamorar-se és el primer pas, que pot o no conduir a l'amor. L'**enamorament** és un sentiment **idealista;** això significa que acostumem a atribuir a l'altra persona qualitats positives que no té, o si les té tendim a magnificar-les. L'**amor** és un sentiment **realista;** apareix quan veiem les dues cares de la moneda; així coneixem les seves qualitats positives, però també les no tan positives, o aquelles coses en què discrepem i, encara així, desitgem continuar la relació. La raó per la qual continuem endavant és que si poséssim en una balança totes le coses positives i negatives que veiem en la nostra parella, pesaria més la banda positiva. És en aquest moment quan, malgrat que ja no sentim que el nostre cor batega a mil i que no estem tant en els núvols quan pensem en la nostra parella, desitgem viure la relació com un projecte en comú.

L'amor té diferents components. Segons Stemberg, l'amor es pot entendre com un triangle en el qual cada vèrtex representa un d'aquests tres components:

- **Intimitat:** són els sentiments que en una relació promouen l'acostament, el vincle i la connexió entre les dues parts. És donar i rebre suport, comunicació, respecte, sentiment de felicitat per estar al costat de la persona estimada... És el resultat d'interaccions fortes, freqüents i diverses.

- **Passió:** és un sentiment d'intens desig d'unió amb l'altre. És l'expressió de desigs i necessitats, de donar-se, de pertànyer a l'altre, de satisfacció sexual.

- **Compromís:** és el component essencial per superar períodes difícils. És la decisió d'estimar l'altre malgrat les diferències i el desig que l'amor es mantingui.

En la història d'una relació de parella es pot estar més inclinat cap un o altre dels vèrtexs segons el moment que s'estigui vivint i, naturalment, es pot estar enamorat i estimar alhora. Això significaria que estaríem més en el vèrtex de la passió.

L'enamorament s'alimenta sol. Això significa que amb la imaginació basta per sentir-se bé, el que veus en l'altra persona és el que t'omple. L'amor, en canvi, requereix una **interacció contínua**, un contacte. «Cal regar-lo i abonar-lo amb cura com amb les plantes», perquè l'amor és una cosa viva, que pot créixer i fer-se molt gran, però també marcir-se i morir si no es cuida. Per tant, que duri l'amor depèn del que cadascú aporti a la relació i, abans d'estar atent al que la meva parella fa per mi, m'he de fixar en què faig jo perquè el nostre projecte funcioni, ja que com més comportaments agradables mostri envers la me-

La passió és un sentiment d'intens desig d'unió amb l'altre i una forma d'expressar desitjos i necessitats.

va parella, aquesta interpretarà que vull que se senti bé, i intentarà fer el mateix per mi. Aixó s'anomena **reciprocitat positiva.**

Et proposo un exercici, t'ajudarà si tens dubtes respecte al que sents per la teva parella:

1. Divideix un full de paper en dues columnes. Escriu en la columna de l'esquerra totes les coses positives que creguis que té la teva parella, i en la dreta totes les negatives.
2. Dóna a cada qualitat una puntuació d'1 a 10.
3. Suma totes les qualitats positives.
4. Suma totes les qualtats negatives.
5. Reflexiona.

    – Quina de les puntuacions és més gran?
    – Les qualitats negatives, fins a quin punt estàs disposat a acceptar-les en la teva parella per continuar la relació? (Pots veure el component del compromís descrit abans.)
    – Si realment penses que val la pena continuar, el que t'ajudarà a mantenir la positivitat serà, d'una banda, la reprocitat positiva i, de l'altra, potenciar, pensar, fixar-te en les qualitats de la teva parella.

Deu recomanacions per mantenir viu l'amor

1. **Demostrar admiració mútua.** Amb el pas del temps és molt més fàcil veure en la parella el que no ens n'agrada, i això pot donar lloc a fer nombroses crítiques. No oblidis que romans al seu costat perquè així ho vas triar al seu moment i perquè vas veure coses que un dia et van enamorar. Manifesta-les!

2. **Expressions d'afecte.** Petons, carícies, somriures, paraules afectuoses, dir: «T'estimo», i demostrar-ho...

3. **Confiança.** Comptar amb el suport de la teva parella, saber que

Les activitats a l'aire lliure faciliten la comunicació i ajuden a descobrir les qualitats de la parella.

creurà en tu abans que en qualsevol altre, que et defensarà... ajuda a què la relació es faci més sòlida i perduri el desig de mantenir viu el compromís.

4. **Comunicació.** La no comunicació genera ansietat, por, angoixa, inseguretat... Hem d'expressar el que pensem i sentim perquè ningú pot ni ha d'endevinar-ho.

5. **Suport mutu.** Fes saber a la teva parella, amb paraules i amb fets, que pot comptar amb tu en qualsevol circumstància.

6. **Mantenir l'atractiu cap a l'altre.** Cuida sempre el teu aspecte físic i mantingues actituds respectuoses, positives i ètiques envers la teva parella i les teves relacions socials. Són aspectes essencials per mantenir viu l'atractiu mutu.

7. **Sentit de l'humor.** És imprescindible trobar situacions per riure i divertir-se. De vegades tenim tantes responsabilitats i tants problemes que deixem de banda aquest aspecte de la vida tan

Les relacions socials són enriquidores i un factor d'equilibri
per a la parella.

important. Des d'explicar un acudit, recordar anècdotes gracioses, o veure una pel·lícula còmica. Mai no deixem de riure almenys una vegada al dia.

8. **Viure la sexualitat de manera positiva.** Això té a veure amb els drets sexuals de cadascú. Expressar desitjos i acceptar rebutjos sense retrets i sense venjances.

9. **Mantenir les relacions socials.** Són fonamentals per a l'equilibri de la parella, perquè sinó podeu caure en la monotontia, en l'avorriment... I això empobreix la relació. Tots dos heu d'aportar a la parella el millor de les vostres relacions socials.

10. **Resolució de problemes.** Si quan sorgeix una dificultat sou capaços d'arribar a un acord mutu, mirant el nombre de solucions i veient els pros i els contres de cadascuna, la sensació de satisfacció en la relació augmentarà.

Capítol 5
La conducta sexual

Sexe en solitari i sexe compartit

En aquest capítol parlarem de la conducta sexual. Distingirem entre sexe en solitari i sexe compartit, ja que, evidentment, no són excloents. Hi ha pràctiques sexuals diferents i gratificants que poden utilitzar-se en solitari o compartides. A més, en diferents moments de la teva vida o segons les situacions, pots usar-ne unes més que altres.

Generalment, la majoria de joves inicien les seves primeres experiències sexuals en solitari i posteriorment, les comparteixen. Les solen alternar en funció de les seves relacions personals, és a dir, de si tenen relacions esporàdiques o una parella estable.

L'autoerotisme o masturbació és una pràctica sexual habitual, et serveix per a experimentar, per conèixer la teva resposta sexual i saber el que t'agrada i el que no t'agrada.

En una ocasió, una dona va venir a la nostra consulta perquè havia descobert que el seu marit es masturbava d'amagat i l'«havia atrapat». Pensava que potser ho feia perquè ja no l'atreia o perquè no gaudia

---

Idees clau

- *Conèixer-nos sexualment,* de forma íntima i eròtica, ens permet de gaudir i compartir unes relacions sexuals gratificants.
- Que el nostre *gaudi sexual* depengui de la major o menor habilitat de l'altre per fer-nos gaudir, sol ser l'inici de la insatisfacció sexual pròpia i de la parella.

prou amb ella. Li vam preguntar si tenien menys relacions sexuals que abans i va respondre que no, que estava satisfeta i que ell hi posava la passió de sempre. Després de parlar del tema es va adonar que els seus temors eren infundats. El que passava era que la seva parella continuava utilitzant la masturbació en solitari perquè el satisfeia recordar el temps del seu despertar sexual; això l'ajudava, d'alguna manera, a «mantenir-se en forma» per gaudir més amb la seva parella.

És evident que amb les experiències sexuals desitjades i gratificants vas coneixent més el que t'agrada i com et respon el cos davant de cada situació. Aquest coneixement de tu mateix t'és útil quan comparteixes una relació: saps exactament què t'agrada, com vols que et toquin, saps desconnectar i, en definitiva gaudir. Conèixer-te sexualment evita que depenguis de l'altra persona per gaudir i que l'altra persona hagi d'assumir la teva satisfacció. En ocasions, poden aparèixer problemes quan un dels membres de la parella se sent tan responsable de la satisfacció de l'altre que viu la sexualitat de la seva parella com un èxit o un fracàs propis.

La persona que ha d'assumir la responsabilitat de fer gaudir a l'altre/a que no sap com funciona per ell/ella mateix/a, acaba oblidant-se de la pròpia resposta sexual. Està massa pendent de «complir» amb l'altre/a perquè gaudeixi i, sovint, acaba tenint problemes sexuals; a més a més, de forma indirecta, la sexualitat de tots dos se'n resenteix.

Somnis i excitació sexual

Com hauràs experimentat, els somnis són capritxosos. Poden ser molt agradables quan hi aconsegueixes el que vols o estàs immergit en històries que et produeixen benestar; però també poden ser somnis que et fan sentir intranquil, que no s'acaben, somnis on ocorren fets desagradables que et fan sofrir i et desperten amb un sobresalt i mal gust de boca. Els somnis no tenen una ubicació en el temps, hi apareixen fets del passat que es barregen amb altres del present i del futur. Hi surten persones conegudes i desconegudes que t'agraden o no t'agraden. Te'n recordes poc dels somnis agradables i molt dels angoixants, i si vols repetir els que t'han agradat o continuar-los per saber què passa o arribar al final, no ho aconsegueixes. No són increïbles? Formen part del funcionament normal de la fase de son REM (sigles de *«rapid eye movement»* o MOR en català: moviment ocular ràpid), durant la qual es produeixen els somnis més intensos, acompanyats de ràpids moviments dels ulls; en aquest moment, l'activitat de les neurones i del cervell és similar a la de quan estàs despert.

El cert és que sempre somies, però la majoria de vegades no te'n recordes.

I si ets capaç de somiar amb qualsevol tema o persona, no tenen

Els somnis eroticosexuals poden ser molt gratificants però, encara que només són somnis, també poden generar inquietuds.

per què faltar els somnis sexuals. Són igual de capritxosos que la resta dels somnis, per això també poden ser molt agradables o no ser-ho gens. En general, són somnis eroticosexuals molt gratificants. Apareixen de manera imprevisible; pots passar períodes en què apareguin sovint i altres de «sequera», fins i tot hi ha persones que confessen no haver-los tingut mai, encara que en realitat el que passa és que no els recorden.

En els somnis sexuals, pots viure situacions insospitades i fins i tot gaudir al màxim i sentir-te atret sexualment per aquella persona que abans mai no se t'hauria acudit. Pot ser que fins i tot recordar-ho et sorprengui i t'inquieti... No sempre ha de coincidir, però si ets noi és possible que tinguis una erecció (pol·lució nocturna), o si ets noia que aparegui una lubricació vaginal (somnis humits) que es correspondria amb l'excitació; de vegades, fins i tot es produeixen orgasmes, encara que això no és tan comú.

En una ocasió, un noi va passar uns dies molt malament perquè no sabia com mirar a la cara al seu millor amic; això es devia al fet que una nit va somiar que «s'ho feia» amb ell i quan es va despertar ho va recordar tot. Imagina't com es va sentir. L'endemà, en veure'l a l'institut, no va saber què dir-li, ni gosava mirar-lo, li feia vergonya, tenia la sensació que el seu amic sabia el que havia somiat. L'amic no es va adonar del mal tràngol que passava; el va notar una mica distant, però no hi va donar cap importància, i en poc temps tot es va normalitzar. El noi, per sort, va entendre que això pot passar, que els somnis són molt capritxosos, i que no sentia cap atracció sexual envers el seu amic. Estava ben segur que li agradaven les noies.

Això mateix els pot passar a les noies. El cas contrari li va passar a una noia que, sent lesbiana i amb parella estable, va tenir un somni sexual amb un home que coneixia. Quan es va despertar va recordar que en el somni s'ho havia passat molt bé.

En els somnis es viuen experiències que no formen part de la vida real i que no necessàriament vols que passin.

Fantasies eroticosexuals

Segur que en moltes ocasions has tingut fantasies amb el teu cantant o actor/actriu predilecte. I això t'ha passat encara que tinguessis parella o hi hagués algú pròxim a tu que t'agradés. Quan l'imagines et veus en diferents escenaris i protagonitzant diferents històries, algunes d'un alt contingut emocional, eròtic o, per què no?, sexual.

Aquestes **imatges mentals,** on passen coses, en ocasions poden expressar el teu desig sexual o provocar-lo, i també generar l'inici d'una excitació sexual. Són imatges que en algunes situacions utilitzaràs per a masturbar-te i en d'altres només perquè et resulten gratificants. Poden correspondre's amb escenes de pel·lícules, passatges de llibres, situacions viscudes o pàgines que hagis trobat a internet, per exemple. Es reprodueixen en la ment i s'hi introdeixen múltiples variants amb un denominador comú: tu n'ets el protagonista i el director de la teva imaginació, i així pots crear tot el que vulguis.

També pots tenir una fantasia preferida en la qual sempre passa el mateix i, i així i tot, et continua provocant la mateixa satisfacció una i altra vegada. No te'n canses mai! No obstant això, pot passar que deixis d'assaborir altres manduques si sempre menges el mateix plat, a més que la monotonia no és una bona companyia per a la sexualitat.

Accidentalment la teva imaginació es pot disparar de manera inesperada i crear una fantasia sexual. Si aquesta és satisfactòria no hi ha cap problema, però si no ho és perquè el que comences a imaginar no et sembla normal sinó absurd o et produeix malestar, no t'hi obsessionis; com més t'esforcis perquè no acudeixi, més hi pensaràs, li donaràs més importància de la que té, no se n'anirà de la teva ment i et resultarà molesta. El millor és acceptar que això li passa a tothom, que es tenen fantasies o imatges que per a una persona poden ser molt desagradables o perverses, i per a d'altres no. És un fenomen normal i no se n'ha de fer cas, així se n'anira per si sol, tal com ha vingut.

Es poden practicar les fantasies?

Cal dur a la pràctica les teves fantasies sexuals? Fer-ho ajuda o millora la teva sexualitat? Has d'explicar-les a la teva parella i compartir-les?

Sens dubte són preguntes que t'has formulat en alguna ocasió.

Que tinguis fantasies sexuals no significa necessàriament que les vulguis practicar. Les fantasies sexuals «són lliures i no reals». Algunes, pels seus continguts i els seus components, t'agradaria practicar-les. D'altres no són adequades perquè entren en conflicte amb la teva ètica personal i, encara que poden ser estimulants, no són acceptables per a tu; de manera que aquestes últimes és millor que es limitin a existir en la teva imaginació. D'altra banda, si hi participen persones que et són inabastables per a les teves possibilitats reals, no tindràs altra opció que continuar imaginant-te-les; i si hi apareixen persones del teu entorn, sempre necessitaràs la seva acceptació per a materialitzar-les.

Explicar a una persona les teves fatasies sexuals és una manera de dur-les a la pràctica i pot ser molt excitant per a totes dues, a més de crear un clima de confiança i d'intimitat sexual. Però és una decisió teva, no és imprescindible explicar-les. Les teves fantasies són a la teva imaginació i, per tant, no es poden jutjar amb els valors de la realitat.

Algunes parelles es queden només en l'explicació, d'altres realitzen una posada en escena semblant a la de les seves fantasies. De la imaginació a la realitat hi ha un salt important, de manera que el que imaginaven que experimentaven en la seva fantasia, com sensacions, emocions, accions..., en la realitat no és el mateix, i en ocasions es deceben, amb la qual cosa la fantasia deixa de ser estimulant fins i tot en la imaginació.

Per això, explicar totes les teves fantasies o dur-les a la pràctica no sempre és el més convenient, ja que pot mermar o inhibir la teva capacitat per crear fantasies i fer que això influeixi en el teu grau de desig sexual, el qual s'alimenta en gran mesura de les teves fantasies sexuals.

Continguts de les fantasies sexuals

A continuació, exposem algunes de les fantasies sexuals més recurrents i les acompanyem d'exemples quotidians:

- **Fantasies d'experimentació.** Consisteixen a visualitzar situacions que mai no s'han provat, situacions insòlites on domina l'atracció per allò prohibit o el desig del que mai s'ha dut a terme ni, probablement, es durà: ser protagonista d'una pel·lícula porno, tenir relacions sexuals davant de molta gent mentre tots et miren, entre d'altres.

- **Fantasies de conquesta.** Solen ser fantasies de poder i autoritat, on sotmets una altra persona perquè realitzi determinades pràctiques sexuals a petició teva; o bé algú et sotmet a la seva voluntat i tu has de fer tot el que et demana. Un dels protagonistes fa d'esclau sexual i l'altre de dominador. Exemple: ets la cap i sotmets sexualment i al teu caprici un empleat que no t'ofereix resistència per por que l'acomiadis.

- **Fantasies de canvi de parella.** Imagines que tens relacions sexuals amb una parella diferent de la teva. Sol tractar-se de persones desitjables del teu entorn, per exemple un amic o una exparella, o el que s'anomena «sexe amb celebritats»: personatges amb projecció pública, actors o actrius que t'han captivat, esportistes, escriptors...

- **Fantasies de sexe en grup.** Escenes de relacions sexuals en grup que inclouen orgies amb amistats, escenaris d'èpoques antigues o situacions amb dues persones del sexe contrari o del mateix sexe, entre d'altres.

- **Fantasies contemplatives.** A algunes persones els resulta gratificant imaginar escenes en les quals observen d'altres persones mentre practiquen activitats sexuals, en les quals poden participar en un moment donat. No les confonguis amb els *voyeurs,* ja que parlem de fantasies, no de situacions reals.

- **Fantasies romàntiques.** Són ficcions d'encontres inesperats amb una persona coneguda, o un estrany, en llocs i condicions idealitzades on sorgeix una «espurna» d'atracció; emocions que desemboquen en una situació sexual que acaba de manera gratificant i feliç.

En les fantasies que experimenten els homes i les dones hi ha més semblances que diferències; avui dia la dona sofreix menys repressió sexual i això ha permès eliminar molts tabús i pors d'èpoques passades.

A algunes persones, experimentar aquestes fantasies pot resultarlos molest, o a la seva parella si els les expliquen. Pensen que són una forma d'infidelitat, que està malament i és incorrecte tenir-les mentre es mantenen relacions sexuals amb la parella. Això els genera sentiments de culpa. De manera que, si així ho desitges, pots prescindirne o no comentar-les; no obstant això, has de saber que són un fet comú i que, probablement, la teva parella també les té.

Les fantasies eroticosexuals substitueixen una experiència real, creen excitació, potencien l'activitat sexual i provoquen l'orgasme. Una fantasia sexual és un assaig mental de futures situacions sexuals, on s'experimenta sense riscs ni conseqüències. Ens permet durant una estona idealitzar-nos, a nosaltres i a d'altres persones, guanyar confiança en l'execució sexual, i ens serveix com a vàlvula d'escapament de la tensió sexual.

Aquestes fantasies s'utilitzen més en la masturbació que en el sexe compartit.

Els sentits

Les fantasies sexuals són un element d'estimulació eròtica molt important; se l'anomena **estimulació psicògena**. Però el teu cervell també realitza una altra funció fonamental per a l'estimulació eròtica i la resposta sexual.

El cervell controla les percepcions que provenen dels sentits i de les zones corporals. Rep i processa tota estimulació i la potencia o la inhibeix. Per mitjà dels teus sentits perceps i reacciones davant del món exterior i interior. Els sentits són fonamentals en la teva sexualitat, per això erotitzar-los és un aprenentatge que et servirà per gaudir sexualment.

Tots els teus sentits estan al servei d'estimular les teves sensacions plaents i, encara que cada persona pot tenir uns sentits més desenvolupats de d'altres, el sentit del tacte, en tota l'extensió de la teva pell, és essencial en la teva sexualitat.

El tacte

Tota la pell del teu cos es pot estimular. Aquest òrgan sexual cobreix una superfície de 1,7 metres quadrats, aproximadament, amb infinitat de receptors al teu servei per respondre.

Hi ha formes molt variades d'estimular-lo: el contacte de les mans, la boca i la seva llengua juganera per determinades parts del cos, com els pits, els peus o l'esquena, l'estimulació amb mocadors, joguines eròtiques, olis aromàtics, objectes calents o freds, pressió suau o lleugera amb tocs discontinus o més intensos... Una infinitat de possibilitats i de combinacions obertes a la creativitat que poden fer-te agradable l'estimulació de tot aquest òrgan sexual que és la pell i el sentit del tacte.

Es diu que als homes els agrada més estrènyer, prémer, palpar..., mentre que a les dones els agraden més les carícies suaus, les textures diferents, els canvis de temperatura...; o que les dones són més receptives i els homes més actius. Encara que són unes tendències que estan canviant, de vegades provoquen desencontres, ja que a alguns homes no els agraden les carícies, fins i tot els molesten, i algunes dones es queixen que són massa directes quan toquen. És important tenir en compte aquest aspecte en aprendre l'art de tocar i de deixar-se tocar.

Un altre desacord és la tendència d'alguns homes a estimular només una part del cos, els genitals, prescindint de la resta. Si ho fan així, es perden experimentar amb cada centímetre del cos i corren el risc que la dona se senti molesta i que la relació sexual no funcioni.

La vista

Amb una mirada pots desencadenar una infinitat de sensacions plaents i expressar emocions com la serenitat, la tendresa, el rebuig, la passió, el desig...

Els ulls, a més, poden captar «l'interior» de la persona que vols o desitges, fins i tot estant tancats.

La mirada forma part de l'excitant joc de la seducció que tant homes com dones practiquen i necessiten per a l'aproximació amorosa i sexual. En l'home el sentit de la vista agafa una rellevància especial; amb ell busca i estimula la seva resposta sexual i el seu desig; també a través d'aquest sentit troba l'entrada al món emocional de l'atracció i, posteriorment, l'enamorament. Sens dubte, les dones saben això des de fa mil·lennis, i per això cuiden la seva imatge per resultar atractives als homes i seduir-los amb la seva mirada (òbviament, també per sentir-se bé amb elles mateixes). Què creus que feia l'encisadora Helena deambulant pels alts penya-segats de la grega Esparta? Esperava ser vista per algun home per atreure la seva mirada i conquistar-lo. I ho va aconseguir. Diu la llegenda que aquesta va ser la causa de la guerra de Troia.

Fa algunes dècades, la simple visió de la nuesa era el més excitant per als homes, contemplar un cos nu era un estímul prou poderós per provocar ereccions. En l'actualitat, la nuesa es contempla com una acceptació de l'autoestima personal i ha deixat de ser una cosa exclusivament sexual. En ser més accessible, ha perdut part de la càrrega eròtica que contenia. En els temps de més repressió sexual, la vergonya i la prohibició produïen un efecte de major excitació quan es veia un cos despullat, sense que això signifiqués que la sexualitat fos més gratificant.

Els homes d'avui, com els de les cultures més primitives, llueixen guarniments i tatuatges en el seu cos per realçar la seva masculinitat. És una cultura que ret «culte al cos». Com en temps ancestrals, la visió del cos dels homes i de les dones és un element poderós de seducció.

L'olfacte

És el sentit més primitiu i el més desenvolupat en els mamífers. Encara que en l'ésser humà s'ha anat atrofiant, continua sent un sentit decisiu per acostar-se o rebutjar una altra persona. Les dones detecten amb més facilitat que els homes les olors de fragàncies naturals que perfumen l'ambient, els aromes corporals que estimulen l'erotisme o les olors desagradables per manca d'higiene, com el mal alè o la suor rància i intensa.

En la química de l'atracció, les feromones tenen un paper fonamental. Són substàncies químiques naturals, produïdes per les glàndules sexuals, que actuen com a missatgeres, i la funció de les quals és estimular l'atracció i el desig sexual.

Les feromones han estat incorporades recentment per la indústria de la cosmètica en alguns productes per potenciar l'atracció sexual: colònies, olis, cremes...

Aquests productes es venen com a afrodisíacs. Per a les dones, un afrodisíac molt poderós és l'olor que desprèn el cos despullat del seu acompanyant acabat de dutxar, la seva olor natural, sense fragàncies que l'ocultin. Als homes els passa una cosa semblant, els agrada l'olor natural de a seva parella. Excepcionalment, algunes persones són maniàtiques de les olors i prefereixen una neteja excessiva, casi d'«hospital», que no permet a la seva parella percebre l'aroma natural, neta, del seu cos; no saben que això pot influir de manera negativa en l'excitació i el desig sexual de la seva parella.

És evident que a la nostra societat les olors es reconeixen com a elements de benestar i plaer. Ho veiem en multitud d'anuncis publicitaris, pel·lícules, teràpies... moltes vegades associats a la salut i, sobretot, a la sensualitat i l'erotisme.

L'oïda

Aquest sentit et permet d'escoltar el món dels sentits que obren la porta de l'erotisme i del plaer sexual. L'oïda et transmet sentiments, emocions, xiuxiueigs, sospirs, crits, plors, gaudis, gemecs... Sentir paraules murmurades a escassa distància de l'orella amb missatges bonics, suggerents o ardents pot fer-te tremolar d'emoció i despertar en tu una resposta ràpida i entusiasta que t'indueixi a compartir una activitat sexual. Aquest sentit produeix un efecte més hipnòtic en les dones. Com se sol dir, «a les dones se les conquesta per l'oïda»; i si no que li diguin a *doña Inés,* que s'estremia amb el que li murmurava a cau d'orella *don Juan Tenorio* des d'una *apartada orilla.*

No són només les paraules, determinats sons poden resultar sensuals i estimulants per a l'oïda. Els més importants són sens dubte els musicals: els sons de tambors, que s'assemblen al pols cardíac de l'excitació sexual amb un increment del frenesí, les melodies harmonioses i delicades que relaxen i desperten els sentits eròtics en els jardins de *Les mil i una nits,* les músiques caribenyes que conviden a ballar i moure de manera cadenciosa i sensual tot el cos, o els boleros de lletres apassionades que parlen d'amor i desamor, d'encontres i desencontres, amb els seus ritmes lents per ballar agafats i sentint l'escalfor del cos desitjat.

D'altra banda, el lòbul carnós de l'orella convida a fer-hi mossegadetes o a xuclar-lo i l'orifici de l'orella a ser penetrat per una llengua humida i vibrant que desperti sensacions infinitament agradables.

I què hem de dir dels telèfons mòbils o d'internet i de com t'han facilitat el contacte amb qui desitges i quan ho desitges en la intimiat

---

Sabies que...?

- Les paraules **clímax** i **orgasme** són sinònimes. Es refereixen a la mateixa sensació i es donen en la fase final de la resposta sexual humana.
- L'**èxtasi** és una sensació fisiològica i psicològica plaent de forta intensitat i caràcter global, que es percep per tot el cos i que té una duració més llarga que l'orgasme.

de la teva habitació, sense ser escoltat pel telèfon fix del menjador, i jugar a seduir amb converses sensuals, eròtiques o sexuals.

El gust

No podem afirmar que existeixin substàncies afrodisíaques, però tampoc negar que alguns aliments estimulen la libido: les maduixes, les trufes, la canyella, la xocolata, les ostres i els mariscs en general...; encara que l'efecte és diferent en cada persona. Atès que el sentit del gust va lligat al de l'olfacte, per realçar els efectes gustatius d'aquests aliments i qualsevol altre cal olorar-lo primer i després assaborir-lo. Hi ha receptes culinàries increïbles que són una delícia per al paladar i que desperten la sensualitat; en la seva preparació inclouen l'adequació de l'ambient, el ritual de la taula, la música, les espelmes, el vestuari... En definitiva, la posada en escena.

Las zones erògenes

Hi ha determinades zones en el cos que, per diverses raons (pell més sensible, humitat, major nombre de terminacions nervioses...), tenen un elevat efecte estimulant en l'excitació i el plaer sexuals. Entre aquestes zones hi ha les que entren en contacte amb la pell i les mucoses, al voltant dels llavis de l'anus, del gland i del clítoris i la vulva. Constitueixen zones altament explosives, perquè amb el sol fet d'acariciar-les suaument amb els dits, la llengua o els llavis, es produeix un gran plaer.

Així i tot, si només pensem en aquestes zones ens perdrem el gaudi de gran part del nostre cos; l'inici de la cabellera, quan passes els dits entre el cabell i li fas un massatge; el clatell, quan s'aixequen els cabells amb els dits en direcció contrària a la seva caiguda; la regió dels ulls, quan hi passes el dits de forma circular mantenint-hi el palmell de la mà al damunt; els llavis, tocant-los com si els perfilessis; el coll, l'esquena i, és clar, els dits de les mans i dels peus; la llengua, el lòbul de l'orella, la cara inferior dels braços, els pits i els mugrons, la part interior de les cuixes i dels genolls...

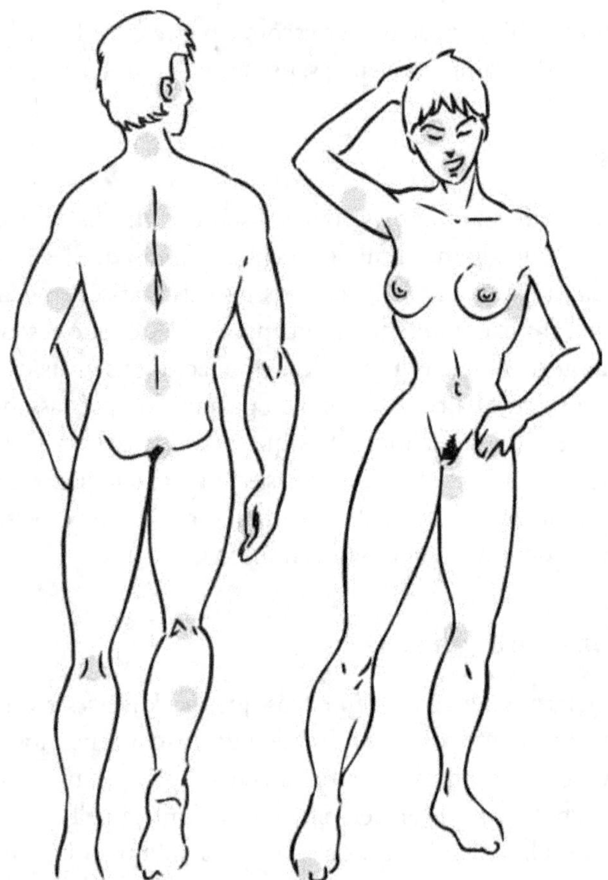

Zones erògenes en la dona i l'home.

Com acariciar i tocar el cos?

Amb les mans, amb olis, amb sedes, amb la boca..., de manera suau, gairebé sense fregar o amb major intensitat, amb petits tocs, o amb una cadència contínua... L'important és transmetre a la persona que acaricies que t'agrada, la desitges i en aquell moment només ell o ella existeix per a tu.

Cada persona és diferent i resulta apassionant descobrir el seu cos i com respon a les teves carícies. No tenen per què anar acompanyades sempre d'una activitat sexual concreta. La intenció d'experimentar sensacions agradables sense la finalitat d'arribar a l'orgasme és un aprenentatge magnífic per a conèixer-te i conèixer l'altre/a, i un element clau per gaudir i compartir.

Com que les zones erògenes varien d'una persona a una altra, el joc previ és la millor manera de descobrir els llocs més eroticosensibles del cos de la teva parella. Però no oblidis que qualsevol zona del cos, si és estimulada convenientment per la persona adequada i en el moment adequat, pot provocar l'èxtasi.

La masturbació

En el llenguatge quotidià s'utilitzen paraules molt diferents per expressar aquesta pràctica sexual, i és molt curiós el que signifiquen algunes d'elles. Per exemple, «sacsejar-se-la» prové de la paraula llatina *quassar,* que significa «sacsejar», fa referència al costum de sacsejar el penis en acabar la tasca sexual o orinar. «Pelar-se-la» al·ludeix a descobrir alguna cosa oculta, com descobrir el gland del recobriment del prepuci; i això mateix, «fet de la manera més bèstia», seria «matxucar-se-la», «fer-se una palla», que deriva de separar la palla del gra. Però masturbar-se deriva del mot llatí *manus,* és a dir, «mà», i *stuprare,* «des-

---

Mites de la masturbació

- *Si et masturbes sovint et vindrà menys de gust tenir relacions sexuals compartides.* Al contrari, l'aprenentatge i el coneixement t'ajuden a compartir i gaudir més en parella.
- *Dels més antics, però que encara s'escolten:* no creixeràs, s'asseca la medul·la espinal, et surten grans, és de ximples, és de calentes...
- *Dels més moderns:* et pots tornar un addicte o un obsés de la masturbació, causa impotència, baixa el rendiment escolar, produeix esgotament físic i debilitat.

honrar o prostituir», en sentit literal seria «deshonrar-se o prostituir-se amb la mà».

Masturbar-se és tota forma de procurar-se plaer sexual per mitjà d'una **estimulació física directa**, a partir de fregar, palpar, acariciar, oprimir els genitals i estimular altres parts del cos; però tambe fa referència a l'acte d'excitar-se o estimular-se un mateix i no necessita arribar a l'orgasme. Es considera autoplaer o autoerotisme quan es practica el sexe en solitari, però la masturbació pot compartir-se amb la parella i fins i tot amb un grup.

La conducta masturbatòria s'inicia en la primera infància, en els dos sexes, i ens acompanya durant totes les etapes de la vida. Aquesta conducta apareix en la majoria d'espècies del regne animal. S'ha observat a delfins en captivitat sense parella introduir el penis en els tubs de desaigüe de la piscina o refregar-se en el terra, i a elefants deshonrant-se amb la trompa.

Aquesta pràctica mai no ha tingut bona premsa; alguns sectors fins i tot van arribar a declarar que «tots els actes sexuals comporten un perill orgànic, ja que produeixen una brusca acumulació de sang al cap i això priva de flux sanguini suficient a la resta del cos. La conseqüència és la paulatina degeneració dels nervis i altres teixits de vital importàcia, i l'aparició de la demència. La masturbació és especialment perillosa perquè és fàcil de realitzar i perquè s'inicia la seva pràctica en els anys de la infantesa i la joventut, perjudica doncs el desenvolupament posterior». Els estudiosos del tema visitaven els asils mentals per observar i confirmar aquestes teories després de veure com es masturbaven els solitaris pacients ingressats. Una mica de raó tenien, perquè la sang flueix vers al cap, però potser es referien al «cap» del penis o del clítoris. El que era incorrecte era pensar que es tractava d'alguna cosa negativa, ja que, tot al contrari, aquest fluid sanguini és bo per al rec dels teixits de la zona sexual i ajuda a mantenir una bona resposta sexual i a gaudir de les sensacions plaents.

La freqüència amb què es practica la masturbació depèn de diversos factors. S'estigmatitza els que es «fan palles», que estan tot el dia rasca que rasca el «manubri», i a les «frega fanals», que utilitzen els fanals

per fregar-se la vulva i el clítoris amb la finalitat de masturbar-se...
Però la freqüència varia en funció del moment i de les etapes de la vida
i és diferent en cada persona. Cadascú ho fa segons li ve de gust, sempre
i quan no es practiqui d'una forma forçada o obligada, per no quedar
malament, perquè aleshores la freqüència pot ser excessiva i pot ser
que hi hagi algun problema al darrere. Passa el mateix amb les per-
sones que no la utilitzen; no significa que tinguin algun problema,
sinó que no senten necessitat de realitzar-la. Un altre cas diferent és
el d'aquells que no la realitzen per conviccions morals o religioses,
o bé per desconeixement, o creient erròniament que és una cosa ne-
gativa.

No practicar la masturbació no és res que sigui dolent per si sol,
però està demostrat que practicar-la amb sentiments de vergonya, cul-
pa o por i sense intimitat, pot constituir una experiència poc gratificant
i produir-te un coneixement contradictori de la teva sexualitat, frus-
trant així un inici positiu.

Tècniques masturbatòries

Hi ha una gran varietat de mètodes per procurar-se plaer. Algunes per-
sones utilitzen habitualment el mateix mètode però introduint modi-
ficacions, mentre que d'altres recorren a mètodes diferents i els selec-
cionen segons l'ocasió. Compta molt la inventiva de cadascú. En les
dones, no n'hi ha dues que ho facin igual; l'estimulació física pot ser
similar, però el ritme, el temps, la manera i la pressió són únics en ca-
dascuna. En els homes la tècnica és més uniforme, tot i que hi ha par-
ticularitats individuals.

Modalitats femenines

La manera més habitual és estimular el clítoris, el mont púbic o els
llavis vaginals passant-hi la mà, o fregant-se suaument o amb força, o
pressionant-se de manera alternativa.

Al contrari del que pensen sovint els homes, és menys habitual in-

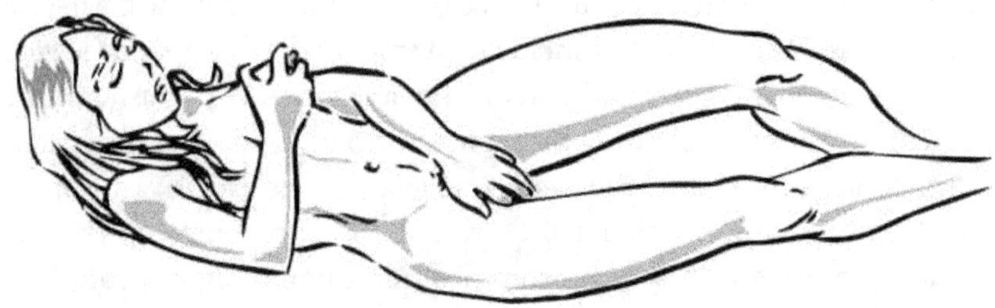

La manera més habitual de masturbació femenina consisteix a estimular el clítoris, el mont púbic o els llavis vaginals.

serir els dits o objectes a la vagina, i simultaniejar-ho amb l'estimulació dels pits.

La dona es col·loca ajeguda, dreta, asseguda, estirada de bocaterrosa...

Algunes prefereixen fregar-se els genitals contra objectes, com coixins, teixits suaus, o deixar-se caure un rajolí d'aigua en la zona genital com a massatge, en comptes de fer-ho amb les mans.

Per incrementar les sensacions tàctils es poden aplicar olis i locions en la zona genital. Hi ha, a més, una sèrie de lubricants que produeixen sensació de fredor o de calor i que incrementen la sensibilitat de la zona i produeixen sensacions diferents que poden intensificar els efectes de la tècnica que s'utilitzi.

Funcions de la masturbació

La masturbació acompleix les mateixes funcions per a tots dos sexes, independentment de la modalitat que prefereixis:

- Alleuja la tensió sexual.
- És una forma innòcua d'experiència sexual.
- Proporciona autoconfiança en l'execució sexual.
- Ensenya a dominar els impulsos sexuals.
- Ajuda a mitigar la soledat de no tenir amb qui compartir sexe.
- Constitueix una vàlvula d'escapament de la tensió i de l'estrès en general.

La tecnologia ha permès incorporar l'efecte de la vibració en els antics **consoladors**, i les dones l'han incorporat en els seus mètodes per a la masturbació. Es comercialitzen en forma de cilindre, de penis, de pintallavis... i s'utilitzen per estimular el clítoris o tota la zona genital o bé per insertar en la vagina. N'hi ha de totes les mides; alguns es poden dur discretament a la bossa, per si sorgeix una «emergència», i amb diferents nivells de vibració o programes de ritme, en fi, tot al gust de la consumidora.

L'estimulació del clítoris es realitza en el tronc clitòric, no directament en el gland del clítoris, ja que aquesta zona és molt sensible i les sensacions que s'hi produeixen no ajuden a l'excitació.

Modalitats masculines

La majoria d'homes es masturben fregant-se el penis amb moviments de dalt a baix, bé al llarg del membre o amb variacions només en el tronc i la base del penis, en la zona del fre, en el replec que es forma sota del gland, o bé retraient i avançant la pell del prepuci sobre el gland. Es col·loquen ajaguts, drets, asseguts... El ritme també és molt variat; per exemple, es comença lentament i es va incrementant la fluctuació dels moviments segons augmenta l'excitació, i quan s'està a punt de l'orgasme, s'alenteix, fins i tot s'atura, o s'agafa el membre amb pressió.

Pocs homes estimulen altres zones del cos, com els mugrons, l'escrot, l'anus..., però alguns ho combinen amb la tècnica masturbatòria i així incrementen l'excitació i experimenten sensacions diferents i plaents.

Alguns prefereixen fregar o friccionar el penis amb objectes, habitualment amb el coixí o els llençols. Altres inserten el membre en el forat d'algun estri que disposi d'un orifici adequat i realitzen moviments d'empenta, simulant amb això el coit.

Hi ha també **estris per a masturbar-se:** vagines artificials fabricades amb materials suaus, nines inflables de mida real, aparells que realitzen els moviments masturbadors, succionadors... I tots ells es poden acom-

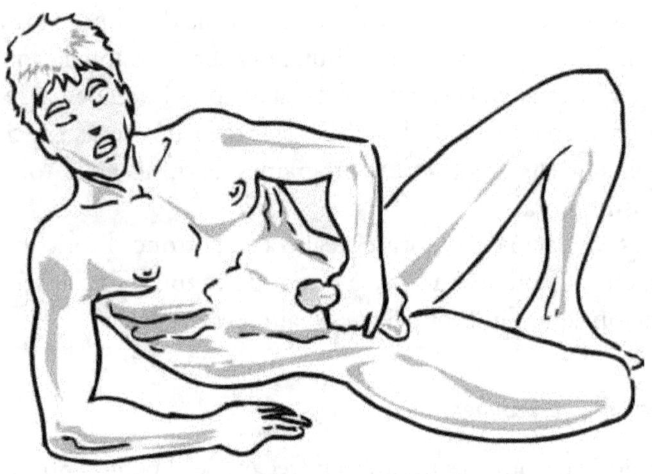

La manera més habitual de masturbació masculina consisteix a fregar-se
i acariciar-se el penis.

panyar de cremes amb diferents funcions: donar sensació de calor, lubrificar, retardar l'excitació, etc.

També hi ha altres modalitats menys freqüents, com l'autofelació: practicar el sexe oral a un mateix; dur-la a terme depèn molt de la flexibilitat del cos i de la longitud del membre. O la inserció d'objectes en l'anus: vibradors, boles..., per estimular l'esfínter anal i la pròstata, mentre s'utilitza alguna tècnica de masturbació del penis.

«La primera vegada»

La primera experiència sexual amb una altra persona sol comportar ansietat o nerviosisme. Et fas moltes preguntes: sortirà bé?, quedaré bé?, ho sabré fer?... És lògic, la primera vegada que fem alguna cosa acostumem a posar-nos una mica nerviosos. No sol ser com t'esperaves, ja que és una situació nova que comporta una gran quantitat de càrrega emocional i, a més, no coneixes el cos ni la resposta de l'altra persona ni tampoc la teva en aquesta situació.

És molt important que tinguis clar el que vols, quina mena de relacions sexuals vols tenir i amb qui. Negocia abans els teus desigs, això t'ajudarà a no sentir-te pressionat/da. Saps que no t'aportarà res de positiu fer alguna cosa que no vulguis fer. Només tu pots saber fins on vols arribar. Si no sents que es respecten els teus gustos i els teus desigs, no viuràs la sexualitat des de la comunicació, l'afecte i el plaer.

Si has decidit que sí, que vols tenir relacions sexuals amb una altra persona, en primer lloc, busqueu un lloc tranquil i relaxat, ja que les presses no són amigues d'una vivència de la sexualitat positiva, i menys si és la primera vegada.

Comenceu amb les carícies, tocant-vos tot el cos a poc a poc, també les zones genitals, lentament i amb molta suavitat. És la millor manera d'assegurar-te que la teva parella estigui excitada. **Expressar el que sents, vols i desitges** és molt important: «acaricia'm més suaument», «m'agrada aquest ritme», «desitjo que em toquis aquí»... Si et fa vergonya o prefereixes no parlar pots guiar-lo amb la mà. Fixa't en els

---

El sexe es parla i es pacta

- Un lloc adequat facilita sentir-se bé i deixar-se anar. Assegureu-vos de trobar un espai on no us molestin ni interrompin.
- Oblideu-vos de les presses, tracteu-vos amb tendresa, respecte i sense crítiques per no forçar el que no es desitja.
- Si hi ha penetració, assegureu-vos que sabeu usar el condó i de pactar quan i com seguir o parar. Assigneu un senyal o una frase quan alguna cosa no es desitgi.
- Si algun dels dos no desitja la penetració, podeu utilitzar altres pràctiques sexuals igualment gratificants, on la imaginació serà la vostra principal aliada.
- Les primeres relacions són molt importants per a tu, i a, mesura que vagis experimentant, aniràs gaudint més de la teva sexualitat.

gestos, sons i moviments de la teva parella, ja que t'orientaran sobre si està o no receptiu/va. Tingues en compte que l'observació facilita el respecte i l'acoblament sexual.

Si has decidit que ara vols la penetració, fixa-t'hi: la teva parella està relaxada? Si no és així o no estàs segur/a que ho està, continua amb les carícies.

Quina postura trieu? Si la teva parella és heterosexual i tries la postura del missioner (el noi damunt), el fet que la noia es col·loqui un coixí entre les natges afavoreix la penetració vaginal. Una altra postura que la facilita és la de la noia damunt amb les cames flexionades. Mai no s'ha de forçar la penetració perquè aleshores pot resultar dolorosa, i associar el dolor a la penetració portarà conseqüències negatives en el futur. És normal que al començament sembli més difícil, és per la falta d'experiència.

Les primeres vegades és possible que no arribis a l'orgasme amb la penetració; no et preocupis, això també passa sovint. Les relacions compartides requereixen més tècnica, un coneixement mutu, capacitat d'atenció i concentració en un mateix i respecte pels gustos de cadascú. Això s'aprèn amb l'experiència personal i amb la confiança en la teva parella.

La sexualitat de les persones amb necessitats especials

Quan utilitzem l'expressió «persones amb necessitats especials» ens referim a les persones que tenen alguna discapacitat, ja sigui física, sensorial o mental.

Si partim de la base que tots som éssers sexuals, és a dir, que tenim sexualitat, és obvi que el terme «tots» també inclou les persones que des del seu naixement, o a causa d'un accident o una malaltia presenten algun retard mental, són cegues o van en cadira de rodes.

Hi ha diferents graus de **discapacitat mental** i això repercutirà en un major o menor gaudi de la seva sexualitat. Amb una educació sexual adequada i amb els mètodes anticonceptius pertinents, aquestes persones poden tenir una vivència positiva de la seva sexualitat i mantenir relacions de parella i sexuals plenes i gratificants.

Les persones **sordes** o **cegues** no tenen cap problema de resposta dels seus òrgans sexuals, però sí que necessiten posar més èmfasi en la comunicació i el plaer.

Les variables que incideixen en la sexualitat dels homes i les dones que han nascut amb espina bífida, paràlisi cerebral o una altra patologia congènita, i les persones que han patit una **lesió medul·lar per un accident** o una malaltia, com l'esclerosi múltiple, són molt semblants a les de la resta de la població, tot dependrà del grau de discapacitat.

En concret, les persones que després d'un accident de motocicleta o automòbil s'enfronten a les seqüel·les d'una lesió medul·lar –generalment joves de 18 a 35 anys–, han de recompondre el seu esquema corporal i adaptar les seves conductes sexuals a les seves possibilitats físiques, però això no té perquè disminuir el seu desig sexual ni les seves ganes per tenir relacions sexuals. Si bé la conducta sexual preferida continua essent el coit, davant la nova situació, la pràctica bucogenital, els petons, les carícies... prenen més importància. És bàsic que la persona víctima d'un traumatisme medul·lar sigui informada i aconsellada com abans millor sobre les repercussions en la seva esfera sexual, i també que els professionals tractin de destruir els clàssics mites sexuals que incideixen al respecte i els informin dels mitjans disponibles actualment per millorar la sexualitat.

L'absència de sensacions no implica una absència de sentiments, de la mateixa manera que la impossibilitat de moure's no significa necessàriament una impossibilitat de sentir plaer, i que un penis en erecció o una vagina humida no impliquen per si sols una bona relació.

Els drets sexuals de les persones amb necessitats especials es resumeixen així:

– Dret a rebre informació sobre la sexualitat.
– Dret a rebre educació sexual.

– Dret a expressar-se sexualment.
– Dret a la paternitat/maternitat.
– Dret a tenir accés als serveis d'ajuda.

Sexe oral

És una pràctica sexual en la qual s'estimulen els òrgans sexuals amb els llavis i amb la llengua. S'hi sol recórrer com a part del joc d'estimulació prèvia al coit, com a activitat sexual en ella mateixa o com a ajuda per tornar a despertar una nova erecció.

Què opinen les noies del sexe oral?

Consideren que per als homes és una estimulació molt desitjada i que demanen sovint. Vegem les opinions següents: «li agrada molt, però jo me'n privo pel que pugui pensar», o bé: «A mi els que no m'importen no vull que vagin cap avall, però els que m'importen sí que vull

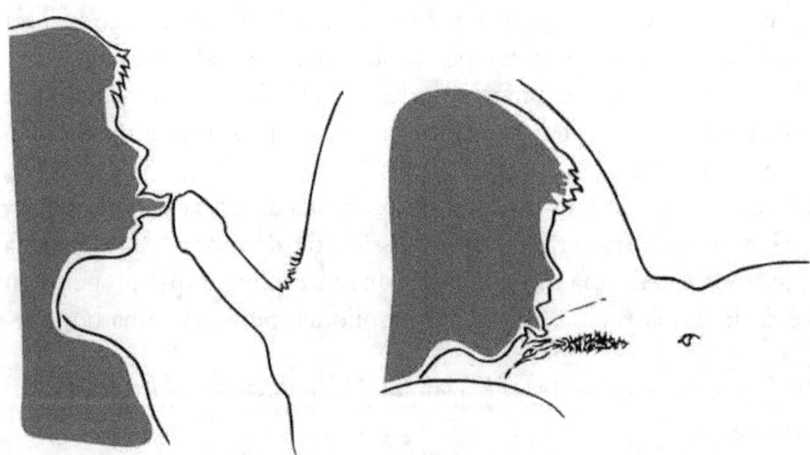

La fel·lació (esquerra) i el *cunnilingus* (dreta) són dues formes habituals de sexe oral.

que hi vagin». Perquè les noies practiquin el sexe oral necessiten conèixer la seva parella i tenir un mínim de confiança en la relació, tant per realitzar-lo com perquè els ho facin. És curiós que, si bé a la majoria dels homes els agrada que els facin aquesta pràctica, a molts no els agrada fer-la a les dones. Amb elles passa el contrari i, per a un gran nombre de dones, practicar el sexe oral a l'home els resulta desagradable; els motius són diversos: per tenir la sensació d'ofegar-se si s'introdueix massa el penis a la gola, perquè l'ejaculació a l'interior de la boca no els agrada o perquè ho associen a un òrgan d'excreció de l'orina. No hi ha dubte que per a realitzar aquesta activitat sexual és essencial una adequada higiene dels genitals.

Què opinen els nois del sexe oral?

Molts nois, davant d'una nova parella, solen preguntar-se: «ho farà o no ho farà?». Alguns reconeixen que el «sexe oral ve quan hi ha una relació estable, o quan ja portes uns quants dies amb una noia». Per què aquesta pràctica agrada molt als homes no ho expliquen les possibles sensacions que experimenten, ja que la vagina no s'adapta menys blanament ni és menys relliscadissa que la boca, sinó que té molt a veure en la seva afirmació com a homes: «És una sensació molt gustosa; em convenç que realment em desitja». Per a ells, aquest íntim reconeixement labial significa l'acceptació del seu membre i de la importància que se li atorga i, amb això, el reconeixement de la seva virilitat. D'altra banda, a ells també els agrada llepar i xuclar amb igual plaer els genitals de la seva parella i, sobretot, percebre l'olor i el sabor naturals d'una dona.

Variants del sexe oral

Cunnilingus

Aquesta paraula prové dels vocables llatins *cunnus*, «conill», i *lingus*, «llengua». És una forma de sexe oral que consisteix a llepar i xuclar els genitals femenins, els llavis de la vulva, l'entrada de la vagina i, en especial, el clítoris amb la llengua. També es pot estimular el clítoris amb els dits o bé introduir-los a la vagina.

Se solen realitzar moviments vibratoris o circulars amb la llengua al voltant del clítoris per incrementar les sensacions d'excitació. Hi ha dones que experimenten un gran plaer només sentint el contacte de la llengua pràcticament immòbil sobre el clítoris, per després iniciar elles els moviments a la seva voluntat.

Inicialment, pot resultar molest estimular de forma directa el gland del clítoris; per això s'acostuma més a llepar o besar i després, quan el gland es retreu, a xuclar i estimular amb més intensitat i més ritme. En general, en augmentar l'excitació, a les dones els agrada pressionar el cap de l'home contra la zona genital llepada i realitzar moviments de la pelvis que incrementen l'estimulació.

Algunes dones, quan arriben a l'orgasme i durant un cert espai de temps, no suporten que se'ls segueixi estimulant el clítoris, perquè la sensibilitat que hi experimenten els resulta molesta, de manera que s'ha de deixar de llepar aquesta zona i passar a un altra mena de carícies que acompanyin aquest moment de màxim abandonament i relaxació.

Profilaxi del sexe oral

- Com que hi ha contacte entre la mucosa bucal i el líquid preseminal, el semen o les secrecions vaginals, així com la mucosa anal, pots contraure infeccions de transmissió sexual i infeccions.
- Pots jugar a estimular la zona genital de la teva parella amb el nas, la boca i el mentó.
- No bufis a l'interior de la vagina, pot causar molèsties serioses.
- Pots fer mossegadetes sense por als llavis vaginals o als testicles; amb això augmentarà l'excitació de la teva parella.
- Si utilitzes mel, nata o altres aliments per donar un sabor diferent al teu cos al practicar el sexe oral, procura que no entrin a la vagina, ja que poden alterar la flora vaginal i produir infeccions.

Fel·lació

Del llatí *fellatio,* consisteix a llepar o xuclar el penis i els testicles amb la boca, la llengua i els llavis. La part més sensible és el gland, la seva corona i el fre, per la qual cosa actuar sobre aquesta zona és prou estimulant en realitzar el sexe oral. Així i tot, a l'home sol agradar-li introduir tot el penis a la boca i ser xuclat o estimulat amb moviments de vaivé.

La persona que fa la fel·lació és normalment la que es mou, mentre que la que la rep s'està quieta. L'inconvenient és que pot produir una sensació d'ofegament, cosa que pot fer que no sigui tan plaent per a la parella. Llepar els testicles o fins i tot xupar-los, o introduir-los a la boca i llepar la zona del perineu, també pot venir de gust, ser agradable, i s'acostuma a combinar amb la masturbació del penis.

Irrumació

És una variant de la fel·lació. Aquí, és l'home el que realitza els moviments de vaivé mentre introdueix el penis en la boca de la seva parella.

Anilinguo

Quan es llepa i xucla l'anus de l'altra persona o s'introdueix la llengua en el recte. També se l'anomena «bes negre», perquè la pell de l'anus és més fosca que la de la resta del cos.

El seixanta-nou

És una postura que consisteix a col·locar-se ajaguts l'un paral·lel a l'altre o bé l'un sobre l'altre, però en sentit invers, és a dir, el cap de cadascun als peus de la parella. D'aquesta manera, cadascun pot estimular oralment i manualment el òrgans genitals de l'altra persona.

Humming

Prové de l'anglès i significa produir un so gutural generat a la gola. Aquest so produeix un pessigolleig en la zona genital de la parella, home o dona, mentre es realitza el sexe oral.

Sexe anal

La majoria de la gent jove no fa referència a aquesta pràctica sexual. Encara que es practica, se sol ocultar per diversos motius. Alguns s'inicien sexualment com a parella amb el sexe anal, ja que així eviten el risc d'un embaràs i mantenen la virginitat. Moltes noies practiquen aquesta modalitat sexual amb la seva parella precisament amb aquesta finalitat. El 40 % de les parelles heterosexuals l'han practicat alguna vegada. L'anus presenta infinitat de terminacions nervioses, de manera que pot ser molt excitant i plaent per a homes i dones. El que passa és que s'associa a una possible inclinació homosexual i a alguns els provoca un cert rebuig.

Com cal practicar-lo?

L'esfínter anal és un múscul que es contrau i dilata, de manera que pot oferir certa resistència si es penetra. És molt important que la persona estigui relaxada, que tingui confiança amb la seva parella i no se senti obligada a practicar-lo, tan sols així serà un acte plaent.

La mucosa anal no s'autolubrifica, cal extendre crema o gel lubricant en l'anus, el dit o el penis per facilitar la inserció i els moviments en el seu interior.

És convenient realitzar penetracions suaus i paulatines, perquè l'anus vagi dilatant-se poc a poc fins a adaptar-se a la mida del penis; de vegades, fins i tot pot ser adequat dilatar-lo prèviament amb els dits. Els moviments també han de ser suaus, no tan enèrgics com els del coit vaginal, ja que es poden lesionar alguns teixits; la persona penetrada és qui ha de marcar el ritme i establir la profunditat de la penetració.

Atès que la mucosa anal és una via d'entrada de virus i bactèries, resulta convenient utilitzar el preservatiu. Tampoc no és adequat penetrar l'anus i, acte seguit, la vagina, ja que facilitaries les infeccions; en tot cas, canvia de preservatiu o neteja amb aigua i sabó el penis i els dits. Per evitar possibles restes fecals, neteja prèviament l'anus amb un enema o assegura't d'haver defecat abans, així evitaràs que es quedin adherides restes i olors desagradables en els dits o en el preservatiu.

Alternatives al sexe oral

Si no ets gens partidari del sexe anal, pots provar amb el «massatge anal», vàlid per a homes i dones. Consisteix a estimular amb els dits o objectes prèviament lubricats el voltant de l'esfínter anal, introduint-los lleugerament, amb carícies o pressió, mentre realitzes una altra pràctica sexual o només com a activitat estimulant a provar.

Una altra alternativa seria explicar i comentar com t'agradaria realitzar-lo sense arribar a fer-ho, o utilitzar-lo en forma de fantasia, mentre duus a terme una altra pràctica sexual amb la teva parella o sol.

Per estimular l'anomenat punt «g» en l'home (la pròstata), cal accedir-hi a través de l'anus, la qual cosa requereix usar lubricant.

Quan la dona arriba a la fase de l'orgasme es produeix una sèrie de contraccions involuntàries de l'esfínter anal; per això, a algunes els resulta plaent utilitzar «rosaris anals», que en extraure'ls en el moment exacte en què es produeixen les contraccions els resulta excitant.

Postures sexuals

Ha arribat el moment de l'acoblament, és a dir, del coit. El nostre propòsit no és descriure minuciosament totes les postures coitals possibles; de fet, ja hi ha diversos llibres sobre el tema molt coneguts i difosos, com el *Kamasutra* o el *Ananga-Ranga* per exemple, que refereixen una àmplia gamma de possibilitats, des de la tradicional del «missioner» a les seixanta-quatre variants per a la penetració del *Kamasutra*. Creiem que l'important és posar la imaginació al servei de l'erotisme i del plaer, per això deixem a les teves mans descobrir amb la teva parella quines postures us vindran més de gust a cada un o a tots dos. Però sí que hem cregut oportú plantejar-te algunes postures base, a les quals després pots incorporar la teva creativitat i agilitat. L'objectiu és facilitar l'estimulació dels òrgans sexuals femenins i masculins de maneres diferents perquè junts experimenteu sensacions noves.

A continuació, t'exposem catorze **postures bàsiques.** L'ordre en què apareixen no implica major o menor grau de dificultat. Mencionem el nom científic i els noms comuns pels quals es coneixen, i t'indiquem quines zones són les més estimulades i quines possibilitats presenten.

L'hamaca o fusió.
Estimulació del punt «g» i de tota la vagina. Bona estimulació del gland.
Mans lliures de l'home per acariciar l'esquena de la dona.
Aquesta pot acoblar-se per estimular el clítoris.

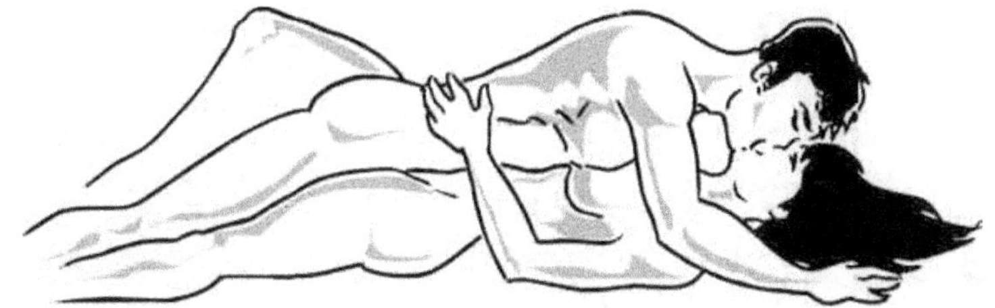

El missioner. Estimulació del gland. Bon contacte facial. Mans lliures.

Cara a cara de profunditat. Bona estimulació del gland.

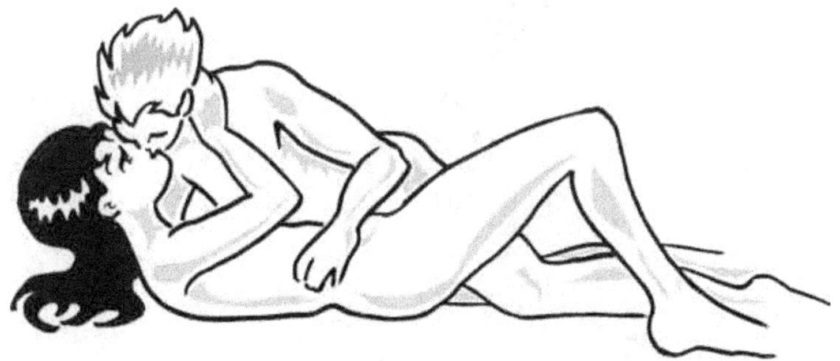

Posició lateral anterior. Bon contacte facial. Mans lliures de tots dos. Estimulació del punt «g».

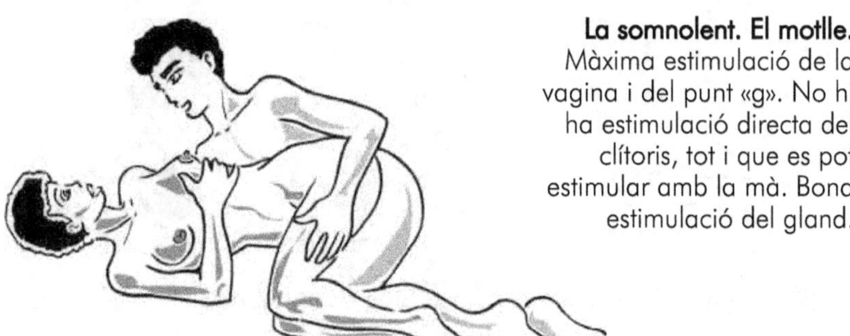

La somnolent. El motlle.
Màxima estimulació de la vagina i del punt «g». No hi ha estimulació directa del clítoris, tot i que es pot estimular amb la mà. Bona estimulació del gland.

El gosset. Furor salvatge.
Bona estimulació vaginal i del punt «g». Mans lliures de l'home per acariciar. Bona estimulació del gland.

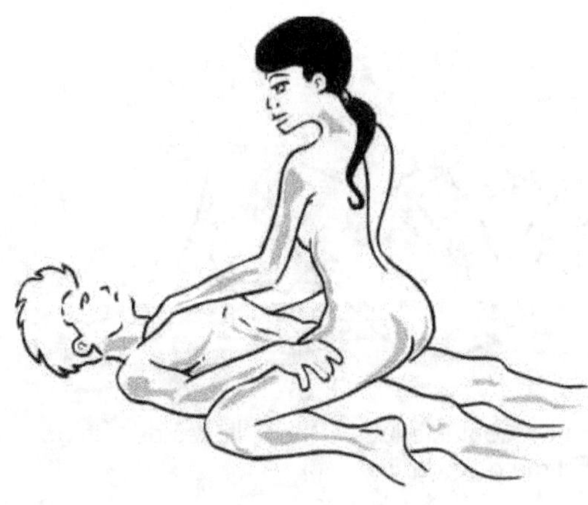

El sotmès.
Bona estimulació vaginal. La dona dirigeix el ritme. Bon acoblament per a fricció del clítoris. Mans lliures per acariciar i bon contacte visual.

Sorpresa.
Màxima estimulació del gland. Estimulació del punt «g». No hi ha estimulació directe del clítoris, però sí que es pot estimular amb la mà. No hi ha contacte visual.

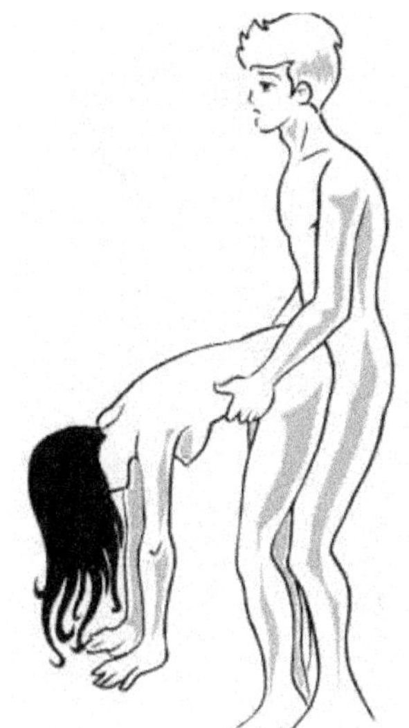

Penetració posterior ajaguts.
Bona estimulació del punt «g» i màxima estimulació del gland.

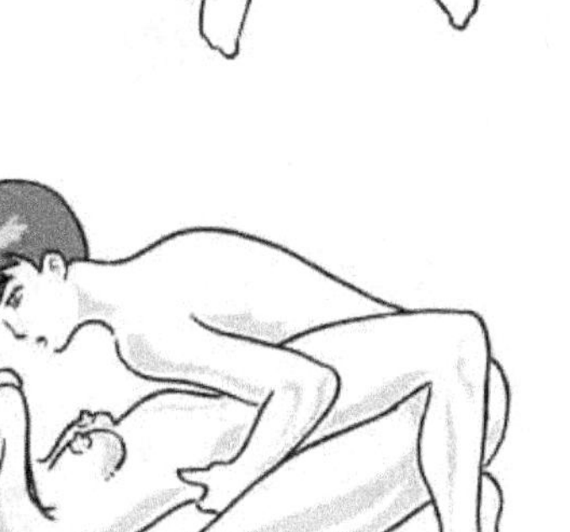

Penetració pont.
Estimulació del gland i del punt «g». Bona estimulació visual.

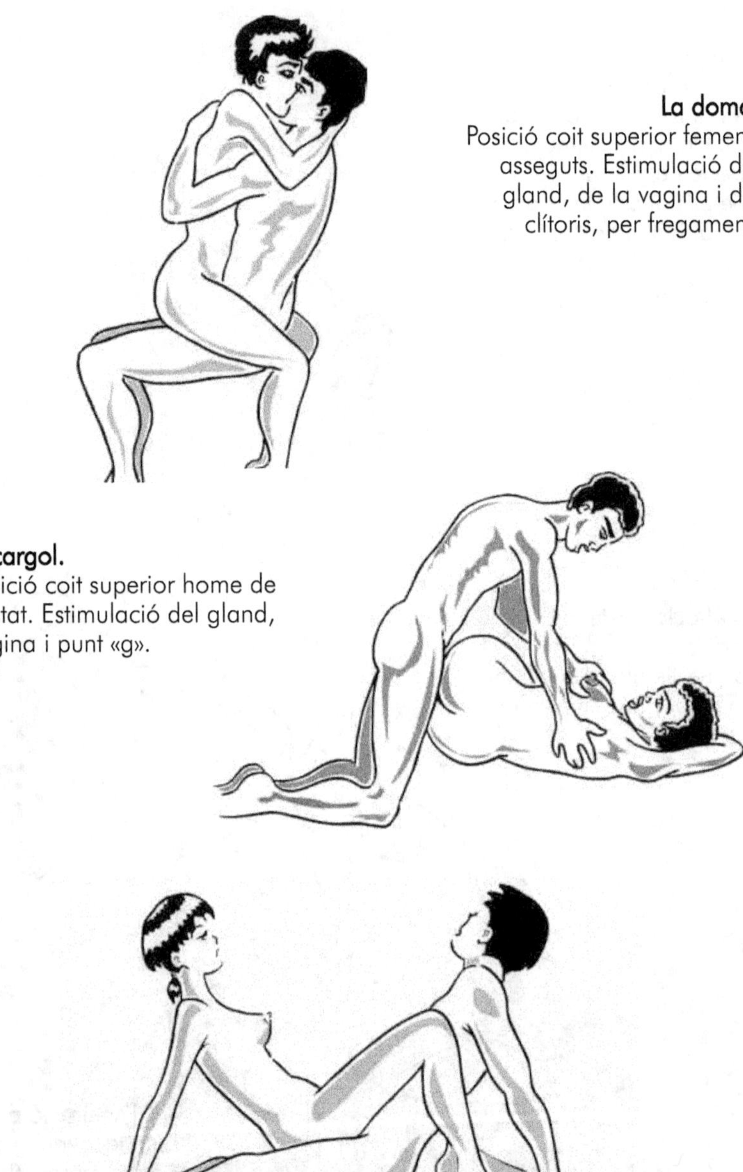

La doma.
Posició coit superior femení, asseguts. Estimulació del gland, de la vagina i del clítoris, per fregament.

El cargol.
Posició coit superior home de costat. Estimulació del gland, vagina i punt «g».

La fusió. Posició coit superior dona. Estimulació del gland i del punt «g». Bon contacte visual. Estimulació del clítoris per fregament.

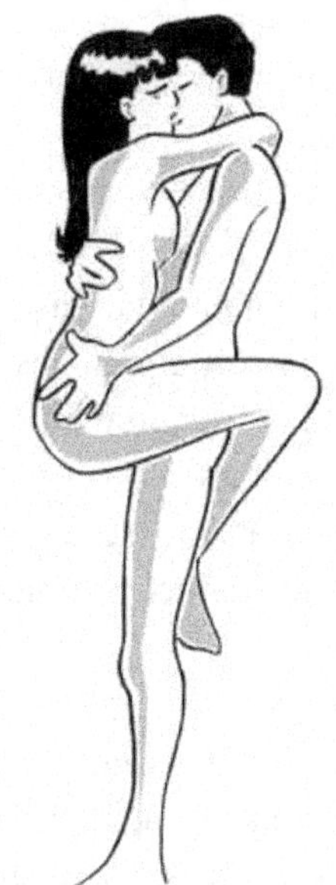

L'abraçada.
Penetració anterior a peu
dret. Estimulació del gland
i de la vagina.

Altres maneres de relacionar-se amb el sexe

Fins aquí hem vist les formes més habituals de formalitzar una relació sexual. No obstant això, n'hi ha d'altres que, encara que també són habituals, produeixen un cert rebuig social, bé per motius culturals o ètics, i que fins i tot arriben a estar legalment penalitzades.

La pornografia

El material sexualment explícit, amb imatges que representen l'acte sexual o l'exposició de cossos despullats, no és exclusiu de la nostra època; es donava a l'antiga Grècia, l'Imperi Romà, l'Índia, l'Àfrica o el Japó. L'interès per aquest material eròtic es remunta a molt de temps enrere i és universal. Amb els avenços tecnològics la seva presentació s'ha diversificat i millorat, i s'ha massificat l'accés als productes pornogràfics a través dels mitjans més diversos.

Quines poden ser les raons de l'interès per adquirir aquest material? Aquestes són diverses:

– com a font il·lustrativa de coneixement i d'informació sobre la conducta sexual;
– per facilitar i despertar l'excitació sexual a fi de realitzar alguna activitat sexual;
– per activar la imaginació i per esplai de la persona en situacions prohibides sense conseqüències;
– com a estímul per imaginar situacions similars a les que presenti el material pornogràfic assajant actes que l'individu espera realitzar o que desperten la seva curiositat;
– o com a mer entreteniment visual, sense buscar una excitació sexual.

No hi ha molta diferència en el tipus d'excitació sexual que provoquen les il·lustracions, les pel·lícules o els escrits, depèn del gust de cadascú. A algunes persones els encanta delectar-se amb fotos, unes altres prefereixen les escenes en moviment, a altres els agrada llegir relats i gaudeixen amb el que aquests evoquen... El material eròtic ens excita més pel que significa, és a dir, pel seu contingut, que per la seva forma de presentació.

Veure material eròtic o pornogràfic produeix en homes i dones tant una resposta psicològica com fisiològica. La idea que agrada més als homes prové de la repressió cultural que tradicionalment s'ha exercit respecte al dret de gaudir, repressió que ha estat encara més forta en les dones; però a nivell fisiològic tots dos sexes responen igual.

Hi ha la idea que als homes els exciten més les escenes de primers plans i de genitals o d'actes sexuals, mentre que a les dones els estimulen més l'elegància, el context de les escenes i el clima sentimental, però en realitat uns i altres tenen gustos similars pel que fa al que pot resultar estimulant o no.

Recórrer de forma continuada a material eròtic o pornogràfic no et farà canviar els hàbits sexuals, en tot cas pot produir-te cansament i avorriment.

La pornografia tracta habitualment la dona com un objecte sexual i de manera degradant, i això afavoreix la discriminació sexual. És evident que reforça estereotips i prejudicis preexistents en la societat i, com a màxim, estimula activitats que l'individu té incorporades i realitza en la seva pràctica quotidiana.

Uns altres efectes de l'ús de material eroticopornogràfic són:

- a alguns individus els ajuda a superar dificultats d'ordre sexual o a reduir les seves inhibicions;
- a d'altres, en canvi, pot produir-los ansietat, quan es comparen amb els atractius protagonistes: els seus atributs físics, corporals i genitals, la seva traça sexual, la immediata resposta sexual i la duració, i poden reaccionar amb inseguretat respecte a les seves capacitats sexuals.

La prostitució

Es diu que la prostitució és l'ofici més antic de la humanitat. Aquesta afirmació és falsa i només pretén justificar en la societat una qüestió complicada d'abordar, sense donar-hi una solució digna.

El fet és que hi ha persones que es dediquen a la prostitució i persones que hi recorren. Però, per què?

D'una banda, es comercia amb allò sexual. Això es deu a la repressió que hi ha sobre la sexualitat en les societats de tots els temps, la qual cosa obliga a algunes persones a pagar per obtenir favors sexuals que no aconsegueixen dur a terme de forma normal, és a dir, amb les seves parelles. Tot això genera un benefici, el d'obtenir allò «prohibit», o allò que no es té i es desitja.

D'altra banda, hi ha la possibilitat d'obtenir diners amb una activitat fàcil de realitzar en aparença i que permet la subsistència. Les persones que exerceixen la prostitució acostumen a viure en una situació de marginació a la qual les relega la societat, sobretot pel que fa a les dones, a les quals empeny obtenir diners per assegurar-se un consum més gran de béns o de determinades substàncies.

Com en tot ofici, hi ha un mestre. Aquest ensenya i dirigeix el seu «negoci» i, a canvi, obté un gran benefici. Tots coneixem la figura del «macarró» que viu de la prostituta i els gremis o «màfies organitzades» que guanyen quantitats immenses de diners comerciant amb el sexe i les persones que l'exerceixen.

És un ofici antic perquè, per desgràcia, per obtenir béns i cobrir les seves necessitats, la dona ha hagut de recórrer des de fa molts segles a realitzar favors sexuals a qui ho posseïa tot: l'home.

Però què passa en l'actualitat?

Avui dia, no és estrany veure arreu com s'ofereixen serveis de prostitució. És un fet present als carrers, als diaris, a les carreteres (bé sigui a peu dret a la vorera o anunciats amb cartells de locals lluminosos), a les pàgines d'internet que apareixen a la teva pantalla sense que les busquis, a la televisió... Encara que la sexualitat es viu amb menys repressió que temps enrere i s'ha aconseguit una certa igualtat entre homes i dones, per gaudir del sexe algunes situacions afavoreixen el manteniment de la prostitució:

- Algunes persones l'exerceixen puntualment per pagar-se els estudis, la hipoteca, el cotxe nou, el consum de substàncies que els ho facin passar bé... i ho consideren una forma normal d'aconseguir diners ràpids.

- Per a d'altres significa aconseguir alguna cosa que ja no es viu com a prohibit i tabú, que és el sexe pagant. Com que el tenen present i al seu abast en tants llocs ho consideren una alternativa o una conducta sexual més a incorporar a les seves vides. Per això, avui dia, gran part de la clientela de les prostitutes és gent jove, que s'inicia amb el sexe amb elles o que hi acudeix encara que tingui parella per experimentar una cosa diferent.

El costat negatiu de la prostitució no és l'activitat sexual en si, sinó les lacres que l'acompanyen: l'explotació pel crim organitzat o pels macarrons, la drogoaddicció, els riscs físics de determinades pràctiques sexuals, les agressions d'alguns clients i la incapacitat d'economitzar amb vistes a un futur. Per tot plegat, alguns països han legalitzat la prostitució (com Alemanya i Holanda, a Europa), amb la finalitat de minimitzar aquestes lacres, tot i saber que això no l'eliminarà.

Joguines eròtiques i alguna cosa més sobre afrodisíacs

Afrodisíacs, jocs eròtics... cada vegada en sabem una mica més. Ja no ens sonen tan estranys, n'hem sentit parlar en programes de televisió, en anuncis, als nostres companys/es, i fins i tot els hem vist al supermercat, i quan els veiem o sentim que en parlen afinem l'orella.

Sempre n'hi ha hagut i sempre s'han buscat. Els afrodisíacs són substàncies que segons se suposa augmenten el desig o la potència sexual.

Les joguines eròtiques són una font d'inspiració en les relacions eroticosexuals.

S'atribueix aquesta proesa a les ostres, la canyella, els espàrrecs, el caviar, la xocolata, l'api, la menta..., i altres més sofisticades i que atempten contra la vida d'espècies animals en perill d'extinció, com la banya de rinoceront, els testicles de brau o el penis de diferents animals. Quantes vegades has ingerit algun d'aquests aliments? I quan has sentit que t'inundava la passió sexual? Qualsevol d'aquests aliments i molts altres més funcionen com a afrodisíacs només si tu ho vols, si la teva actitud t'estimula els sentits i et predisposes a gaudir del sexe.

Respecte a les aromes, els olis, les cremes i els lubricants, el dos últims són potser els més coneguts. Saps que n'hi ha de diferents gustos, inclosa la xocolata? Serveixen per estimular el contacte en tocar la teva pell o la de la teva parella, per investigar les sensacions corporals, descobrir el teu cos o el de l'altre, en fi, per entendre que la sexualitat no és tan sols genitalitat.

Per descobrir el cos, les últimes novetats són la pintura de xocolata, les pólvores de mel o les de gerd. Amb elles pots engegar la teva imaginació i despertar la teva capacitat artística dibuixant el cos de la teva parella; t'agradaran, el seu gust és excel·lent.

Però hi ha més joguines: els vibradors i els estimuladors de clítoris, vagina o recte. A part d'estimular les zones genitals pots joguinejar-hi per tot el cos. Són molt interessants, ja que faciliten el coneixement de les distintes fases de la resposta sexual i de l'orgasme. És una manera divertida i plaent d'investigar i que t'investiguin.

Què més tenim?

Els anells vibradors de silicona es col·loquen en el penis. La lleu pressió que exerceixen en el membre provoca una sensació d'una erecció més gran i la seva vibració estimula la vulva de la noia durant la relació coital.

Les boles xineses són dues boles, de vegades de diferent textura, unides per un cordó que s'introdueixen a la vagina. A part d'estimular els genitals femenins, milloren el to muscular del sòl pèlvic, per la qual cosa resulten molt útils per aquelles dones que, o bé per l'edat o per l'esfoç dels parts, tenen risc de patir prolapses genitals (despenjament de la matriu o la veixiga) o incontinència urinària.

Capítol 6
Dificultats amb el sexe?

Gaudir de bon sexe requereix **explorar i practicar.** Pot ser que pensem que «la primera vegada» tot serà perfecte i, no obstant això, com en altres aspectes de la vida, acostuma a ser poc menys que un desastre, o en el millor dels casos, el resultat és lluny del que ens imaginàvem. Vegem per què.

L'aprenentatge en el sexe

Perquè les coses surtin bé hem de fer-les amb cura, amb atenció, i repetir-les. Imagina't un cuiner de reconegut prestigi. És bo perquè practica, experimenta, crea, investiga, prova una vegada i una altra els diferents ingredients fins a conèixer-los bé, sap com combinar les espècies i quina utilitzar en cada ocasió... i només aleshores és capaç de crear plats deliciosos. La teva sexualitat també té els seus propis ingredients, sabors, colors, olors i gustos... Has de descobrir-la i explorar-la, i això requereix tota la teva atenció i dedicació perquè no només hi intervé el teu cos, sinó també els teus pensaments i creences que, de vegades, són la causa de problemes.

«Hem d'arribar a l'orgasme alhora». Ho has pensat més d'una vegada, oi? Coincidiràs doncs amb nosaltres en el fet que si s'està pendent d'aquest aspecte, ja no s'està vivint espontàniament aquell instant, sentint-lo i deixant-se portar... És lògic que cadascú tingui el seu ritme. Algunes persones que es coneixen molt a si mateixes i a la seva parella ho aconsegueixen, però solament si no es té com a una meta, encara que el més normal és que en la majoria d'ocasions no s'aconsegueixi.

Una altra qüestió és el que veiem en les pel·lícules. Moltes vegades ens passa pel cap i fins i tot intentem dur a la pràctica allò que hem vist a la pantalla. A les *pelis* tot sembla perfecte, excepte que no són reals. Tu i la teva parella sí que sou reals i únics, i sabeu que la realitat no sempre és perfecta.

Pots tenir una relació i dir-te «no ha anat bé». Pot ser que la teva parella necessiti més temps de carícies i tendresa, més preàmbuls. O que se senti molt pressionat/ada per voler ser l'amant perfecte/a. Malgrat tot, és a dir tot i «no haver anat bé», moltes vegades es gaudeix, perquè estàs amb l'altra persona, perquè li demostres que la vols, perquè en aquest instant només ell o ella t'importa.

És possible que pensis que en el sexe l'únic important és l'orgasme, i que arribar-hi representa l'apoteosi final, acompanyada de focs arti-

La seducció, les carícies i l'erotisme estimulen el joc amorós
i faciliten les relacions eroticosexuals.

ficials i música. Probablement el que esperes o t'has imaginat t'impedeix gaudir del que tens. També és possible que pensis: «Vaja, això és un orgasme?». Cada persona funciona i sent de manera diferent a les altres. No hi ha cap mesura universal per als orgasmes. El millor és conèixer com és el teu i aprendre a gaudir-lo.

De vegades passa que al noi li costa tenir una erecció, la qual cosa no t'ha de preocupar. **La penetració no és la meta** ni l'única satisfacció. Alguns nois la forcen perquè creuen que si no hi ha penetració la cosa no és normal. Forçar la penetració quan no es desitja o quan el cos no està preparat pot produir dolor, sobretot si es té por o s'està molt nerviós. Ja saps que existeix el joc amorós, les carícies, el joc eròtic i de seducció, que són altament estimulants. Saps molt bé que la relació sexual facilita un contacte íntim per compartir tendresa i plaer a través de la nostra pell; saber tocar-la és bàsic per poder gaudir després d'altres plaers. Gaudir de la penetració també, però quan sigui el moment.

També passa sovint que el noi, potser pels nervis o perquè li agrada molt la seva parella, perquè té molt desig o per por... ejacula aviat, abans del que els agradaria a tots dos. En aquest cas, si tu ets el noi, dedica't més a la teva parella, potencia els jocs, les carícies i deixat portar; no serveix de res sentir-se culpable o evitar els preliminars «per

---

Sabies que...?

- A Sibèria, als *chukchees* se'ls considera xamans perquè assumeixen el paper femení en les relacions sexuals. El xaman pot, si ho desitja, tenir una esposa i també fills.
- En el nord-est de l'Índia, a Nagaland, habiten els koniak. Aquesta tribu cria alguns nens perquè tinguin el rol sexual femení. Després, podran convertir-se en esposes d'alguns membres de la tribu.

Al llarg de la nostra vida, trobarem persones ben diferents, amb gustos sexuals molt diferents, la qual cosa no és en absolut censurable. Tu decideixes quins vincles vols establir. Has de saber que hi ha «tantes sexualitats com ments individuals». Una altra cosa és que hi hagi consensos i idees que provenen de la cultura i que pots compartir o no, però ser o pensar diferent no és rebutjable.

així poder arribar-hi», és totalment contraproduent; ja ho parlarem detingudament més endavant.

Quan sorgeixen dificultats

Hi ha moltes coses que poden limitar la nostra resposta sexual, com per exemple la informació de què disposem, les nostres experiències d'intimitat, la nostra cultura, l'aprenentatge familiar... Molts missatges de la teva infantesa t'han quedat gravats a dins i de molts d'ells ni tan sols n'ets conscient: «això no es fa», «és pecat», «es pensaran que ets fàcil», «no badis, que et quedaràs embarassada», «la primera vegada fa mal», «has de donar la talla», «no pots dir que no una vegada que s'ha començat»... Aquests missatges ocults poden ser la font d'idees i de mites erronis respecte a la sexualitat i poden provocar-te problemes sexuals.

Moltes persones o parelles pateixen «disfuncions sexuals». Una disfunció sexual es defineix com «la dificultat que experimenta una persona per tenir una resposta sexual adequada» en qualsevol de les fases de la resposta sexual humana.

Disfuncions sexuals

- **Desig sexual hipoactiu.** És l'absència o la disminució del desig de tenir activitat sexual de forma continuada.
- **Aversió sexual.** Fàstig o repugnància extrema i continuada envers les relacions sexuals, i evitació de tots o gairebé tots els contactes sexuals genitals amb una parella sexual.
- **Trastorn orgàsmic masculí i femení.** És la dificultat o la incapacitat per arribar a l'orgasme malgrat una estimulació adequada i una fase d'excitació normal.
- **Dispaneuria.** Dolor i molèsties abans, durant o després de la relació sexual.
- **Vaginisme.** És l'aparició de contraccions involuntàries dels músculs vaginals de la dona, que dificulten les relacions coïtals.
- **Ejaculació precoç.** Ejaculació immediata davant d'una estimulació se-

Les disfuncions sexuals són una cosa molt comuna i no cal alarmar-se si en patim alguna, perquè totes tenen una explicació i també una solució. Només cal buscar-la.

Passa més vegades del que pensem! En alguna de les fases de resposta sexual, fins i tot amb una bona estimulació eròtica, no s'aconsegueix funcionar correctament. Ho has experimentat? Bé, doncs tingues paciència; continua explorant el teu cos i el de la teva parella i tracteu de comunicar-vos sense reserves... A més, si creus que no saps com continuar, sempre pots recórrer a un professional del sexe, però atenció, ens referim a un **sexòleg.**

En un requadre et presentem les disfuncions sexuals més importants, i en l'apartat següent expliquem aquelles sobre les quals se sol consultar més sovint en una clínica especialitzada.

Parlant de les disfuncions sexuals

Hi ha disfuncions sexuals en qualsevol de les tres fases de la resposta sexual humana. Vegem-les una a una.

---

xual mínima i abans del que es desitja. S'ha de tenir en compte l'edat, les situacions noves i la freqüència de l'activitat sexual.

- *Transtorn d'excitació sexual en la dona.* Incapacitat total o parcial de la resposta de lubricació (humitat) vaginal o absència subjectiva de no sentir-se excitada ni sentir plaer durant l'activitat sexual.
- *Transtorn d'excitació sexual en l'home.* Incapacitat total o parcial i continuada per a l'erecció fins al final de l'activitat sexual, o absència de la sensació subjectiva d'excitació o plaer durant la mateixa.
- *Ejaculació retrògrada.* No es veu l'ejaculació, perquè en comptes de sortir per l'uretra se'n va cap a la veixiga de l'orina. Pot aparèixer en algunes malalties de la pròstata, en malalties neurològiques on afecta la columna vertebral i també a causa del consum d'alguns fàrmacs per tractar malalties mentals i per algunes drogues.
- *Ejaculació retardada o anejaculació.* No es produeix ejaculació. Pot ser causat per una interacció de factors orgànics i psicològics.

- **Trastorns del desig.** Com recordaràs, el desig és la primera fase de la resposta sexual humana. Els transtorns del desig en homes i dones són: la *fòbia sexual* o *adversió sexual* i el *baix desig sexual.*
- **Trastorns de la fase d'excitació.** En les dones es produeix la inapetència sexual i en els homes la *disfunció erèctil* (també coneguda com a *impotència* o *falta d'erecció*).
- **Trastorns de la fase de l'orgasme.** En les dones torbem *l'anorgàsmia* i la *disparèunia* (orgasme amb dolor). En l'home, a més d'aquests dos, també trobem l'*ejaculació precoç* i l'*ejaculació retardada.*

En algunes ocasions, encara que totes les fases de la resposta sexual funcionin bé, la persona no obté el grau de satisfacció que li correspondria. I al contrari, també ocorre que algunes persones, tot i tenint una disfunció sexual clara i evident, assoleixen un alt grau de satisfacció sexual, motivat normalment per una excel·lent relació de parella; això es produeix sobretot al començament de la relació, però quan aquesta es consolida la disfunció sexual pot afectar-la negativament.

Davant de les dificultats podem qüestionar-nos què sentim, quines pors tenim, quines idees sobre la sexualitat ens han arribat. Convé que

---

Mites i errors freqüents

Les falses idees creen pors per desconeixement. En presentem algunes, amb les quals segurament no deus estar d'acord.

- *El sexe ha de ser espontani, no s'aprèn, tot és més fàcil si et deixes portar.* L'espontaneïtat en el sexe és positiva, aporta frescor a la relació, però no ens neguem a aprendre, perquè tot és millorable.
- *L'home ha de prendre sempre la iniciativa.* Encara es té la idea que l'home és qui ha de portar sempre la iniciativa. De vegades, el noi se sent pressionat o cansat de ser ell qui porti la veu cantant i que la noia adopti una actitud passiva, d'espera, sense dir res, encara que tingui tantes ganes de tenir relacions com ell, ganes fins i tot de dir-li què li agrada. Homes i dones han de ser capaços d'expressar amb llibertat

contrastem les nostres opinions amb altres persones i amb llibres especialitzats.

Les persones no senten ni pensen igual. La sexualitat s'aprèn i no totes les experiències són iguals. A més, ja saps que en funció d'on es visqui els **missatges culturals** que es reben són diferents. Hi ha moltes maneres de pensar i funcionar; la reflexió ens ajuda a ser més flexibles i més oberts, a respectar com és cadascú.

A aquestes alçades, saps de sobres que el sexe és una habilitat que necessita ser apresa i que requereix coneixement. Si estàs poc relaxat/ada, et sents preocupat/ada, amb por a no saber què fer, estàs tens/a per la idea de «no quedar bé», tens vergonya d'expressar el que sents o intentes forçar les situacions, és possible que les coses no surtin!

No tenim un dia igual a un altre, i en el sexe passa el mateix. Si tens un estat d'ànim baix o estàs cansat/ada no respons igual. És important que ho expliquis a la teva parella, que us doneu suport mútuament i que ningú no se senti pressionat. Establir acords mutus i respectar els gustos individuals sense forçar el que no es desitja forma part d'aquest aprenentatge.

Dèiem al principi del capítol que en la sexualitat «no tot són focs artificials»; de vegades les coses no ens surten com desitgem. Si en

---

total els seus desigs i sentiments, deixant de banda els prejudicis socials.

- ***Les dones no necessiten tant el sexe com els homes.*** Es diu que «els homes sempre estant disposats i les dones no». Però el desig sexual depèn de factors com el cansament, l'estrès, el tipus de relació, el temps de relació... Homes i dones som persones sexuals i tenim desig sexual.
- ***S'ha d'arribar a l'orgasme alhora.*** Aquest és un altre mite erroni molt freqüent. Sembla que «no és el mateix» si les dues persones no arriben a l'orgasme de manera simultània. I el cert és que resulta molt difícil que això passi, ja que els ritmes de l'home i de la dona són distints. L'important en una relació sexual no és que es tinguin orgasmes simultanis, sinó que els dos s'ho passin bé i siguin feliços.

comptes de comprendre-ho i acceptar-ho, intentes forçar-ho tot i creure que tens un problema, probablement t'obsessionis i et resulti més difícil gaudir de la teva sexualitat. Et proposem un experiment:

1. Puja un parell de trams d'una escala seguits.
2. Intenta controlar al màxim com puges les escales parant atenció als teus peus i als moviments que realitzes.
3. Quan arribis a dalt, pregunta't: «Què he sentit?».

Quan camines pel carrer, controles les teves passes? Caminar és un moviment automàtic o controlat? Caminar és una acció automàtica, i quan d'alguna cosa automàtica en fem una cosa controlada n'entorpim el funcionament.

Amb la sexualitat passa el mateix. Com més penses o controles mentre tens una activitat sexual, pitjor et surt. Aquest concepte és important per a entendre millor les disfuncions sexuals que exposem a continuació.

«Mai no en tinc ganes.» Parlem de falta de desig

La manca de desig sexual és una de les disfuncions més comunes. Segur que en moltes ocasions has sentit: «mai no en tinc ganes», «no em ve de gust», «no necessito sexe», «puc passar sense el sexe».

Aquestes frases reflecteixen la falta d'interès per l'activitat sexual, que pot significar falta d'interès per les relacions sexuals en parella o falta d'interès per la masturbació, i s'associa habitualment a una manca de fantasies.

La manca de desig serà un problema només si per a tu ho és. De vegades, estem temporades menys actius/ves sexualment, i això no significa que tinguem un problema; senzillament, es pot deure al fet que, per exemple, estem molt ocupats/ades en altres coses. També pot ser que la nostra parella tingui moltes ganes de sexe, i nosaltres, en canvi, pensem que mai no en tenim ganes; i no és així, el que passa és que la teva parella no et dóna temps de tenir desig.

La manca de desig no és un problema en ell mateix.
La freqüència sexual pot ser molt variable.

Moltes persones es preocupen per la seva **freqüència sexual**, però has de saber que aquesta és molt variable. L'important és que la teva freqüència d'activitat sexual sigui la que decideixis i vulguis. El problema sorgeix quan la teva parella té una freqüència sexual molt diferent de la teva; aleshores, heu de buscar solucions. El que no funciona és fer alguna cosa que no es desitja per complaure l'altre/a; si això ocorre, s'acaba tenint cada vegada menys desig i evitant qualsevol activitat sexual.

En altres ocasions, en la manca de desig sexual hi influeixen altres factors: l'ansietat, l'estrès, els trastorns psiquiàtrics, alguns medicaments, la tensió emocional, els problemes de parella, els períodes de canvis, les influències educatives, les experiències personals...

Quan alguna cosa ens afecta molt directament, és normal que altres aspectes de la vida se'n ressentin o es ralentitzin, per exemple, el desig de tenir un contacte sexual. Un cop tot es normalitzi, les coses tornaran al seu curs, el cos estarà més relaxat i la ment més concentrada en viure el moment sense distreure's. Ja ho veuràs!

Algunes persones et diran que sempre han tingut poques ganes de sexe. En aquest cas es poc probable que es degui a un problema físic com una alteració hormonal; el més corrent és que aquesta persona no consideri el sexe una cosa important. O bé que l'educació rebuda l'hagi influït de manera negativa.

Altres et diran que no els ve de gust tenir relacions sexuals amb la seva parella, però sí que tenen desig sexual per una altra o altres persones. Aleshores és evident que no es tracta d'un problema de desig sexual sinó de la persona a qui va dirigit.

La falta de desig és més freqüent en les dones, encara que cada vegada hi ha més homes que consulten un especialista sobre aquest problema.

És molt important tenir de referència persones professionals (professor, metge, infermera, sexòleg...) o algú en qui confiar o amb qui et sentis còmode/a per expressar les pors o buscar la informació que et falta. Però, sense oblidar els llibres!

Amb cada persona les vivències canvien. No s'ha de comparar! Però sí explorar per descobrir coses sobre un mateix i els altres.

Què pots fer?

Potser podries pensar cada dia una mica en el sexe. És difícil que te n'entrin ganes si no hi penses. Una fantasia, un record, una olor, una imatge, el primer petó... I, a més, procura buscar una estona d'intimitat per a tu, o per a tu i la teva parella.

Tenir poques ganes de practicar sexe durant una temporada no significa que tinguis un problema. Potser no has trobat una persona amb la qual et sentis a gust per compartir emocions i experiències.

Si no t'afecta és perquè no et representa un problema. Segur que fas moltes coses que et motiven i t'omplen i la sexualitat n'és una més, que pot arribar si hi estàs receptiu/iva. Això sí, si es dóna el cas, fes les coses al teu ritme i conforme als teus desitjos, sense córrer, perquè el que importa és saber aturar-se i gaudir-ne.

«No puc, no suporto que em toquin!» Parlem d'adversió sexual

Alguna vegada has sentit frases com: «quin fastig!», «em repugna!», no suporto que em toquin!», «no puc deixar que em toquin!» Sens dubte, qui les pronuncia evita tot el que fa referència a allò sexual.

En algunes ocasions, aquest rebuig va dirigit a alguns aspectes específics del sexe, per exemple, als genitals de la parella, les secrecions, les olors, la penetració... Llavors fins i tot pot gaudir-se de la sexualitat sempre i quan s'eviti aquesta part concreta. Parlem d'una fòbia específica.

Quan evitem qualsevol signe d'aproximació sexual, hi ha en nosaltres un fòbia generalitzada. Aquest problema provoca ansietat perquè probablement generi conflictes amb la parella.

Què puc fer?

No callis les coses i busca solucions! Sentir-te rar/a i tenir por d'expressar el que et passa només et crearà problemes d'autoestima.

La sexualitat –com ja saps molt bé– és comunicació, afecte, amor, exploració i una forma important d'expressió.

Qualsevol problema sexual té solució, per molt impossible o greu que et sembli.

Reflexionar sobre el problema i buscar-ne les possibles causes et pot ajudar a solucionar-lo. Pot tenir relació amb alguna cosa que et van explicar o que et va passar, potser vas forçar una relació que no et va agradar i no vas saber dir «no», «para», «no ho vull fer», «no m'agrada»...

Si el problema persisteix, és important que ho consultis amb un professional adequat, ja que com més temps arrosseguis el problema, més difícil serà solucionar-lo.

«Crec que mai no he tingut un orgasme». Parlem d'anorgàsmia

L'anorgàsmia és més freqüent en les dones que en els homes. T'excites bé, però sents que no arribes a l'orgasme. T'assalten els dubtes i les incerteses: «serà sempre igual?», «mai no hi arribo», «mai no acabo», «en sóc incapaç», «tinc un defecte?», «és per angoixar-me?».

L'orgasme constitueix una vivència molt agradable, és cert, però també és la culminació de moltes més coses. Ja et vam recomanar que no et creguessis tot el que veus a les pel·lícules. Les vivències són diferents en cada persona, amb cada parella i gairebé en cada moment...

En ocasions, s'espera massa d'un orgasme. Potser esperaves una altra cosa? Has sentit algunes contraccions vaginals després d'una tensió sexual? Has tingut la sensació de tenir un cim de plaer que s'ha esvaït? Pot ser que això que has sentit sigui un orgasme i tu no ho sabies.

En els nois és menys freqüent, però també consulten l'especialista al respecte: «m'excito i ejaculo, però no sento plaer», o «amb l'orgasme no sento el plaer que hauria de sentir».

Aquesta situació pot estar associada amb un problema d'ejaculació precoç. Moltes vegades, quan intentes retardar l'ejaculació, utilitzes una forma de distracció que disminueix la sensació orgàsmica; en altres ocasions, el que succeeix és que estàs massa pendent de tenir un orgasme i t'oblides de sentir-lo.

Quan mai no s'ha experimentat un orgasme parlem d'anorgàsmia *primària,* i d'anorgàsmia *secundària* quan deixes d'experimentar-los després de tenir-los de forma habitual. També pot passar que tinguis orgasmes quan et masturbes i no els tinguis quan estiguis amb una altra persona; en aquest cas, el trastorn és *selectiu* o *situacional* i, tal com t'imagines, és que hi ha algun problema en la teva relació amb l'altra persona (bé sigui la teva parella habitual o una relació puntual.)

És freqüent que les dones experimentin orgasmes quan la seva parella els estimula el clítoris, però no durant la penetració vaginal. Això no constitueix un problema, ja que l'activitat sexual no es pot reduir a un coit. Els jocs eròtics, la masturbació, la penetració... són pràctiques que poden estar presents juntes i fer-te passar una estona plaent, i és la suma de totes elles allò que en un moment determinat pot generar un orgasme.

En l'anorgàsmia poden intervenir-hi molt factors diversos: la **manca de coneixement del cos** i del funcionament de la resposta sexual, alguns medicaments o drogues, els problemes de relació de parella, una depressió, l'ejaculació precoç de la parella, la falta de preàmbuls o l'escàs joc eròtic...

Rares vegades es deu a malalties, com la diabetis de llarga evolució o a l'alcoholisme.

Què pots fer?

El més important és que coneguis el teu cos, que sàpigues quins estímuls desperten el teu desig sexual i com funciona la teva resposta sexual.

L'autoconeixement és bàsic, i la masturbació t'ensenya a conèixer la teva resposta sexual. Alfred Kinsey, un dels investigadors més importants sobre la sexualitat, va demostrar en els seus estudis la importància de la masturbació per conèixer el propi cos.

L'autoconeixement ens ensenya el que ens estimula i el que no, i facilita la comunicació sexual si tens parella.

Els nois semblen tenir-ho més fàcil, entre altres coses, perquè els genitals masculins es veuen a simple vista; les noies, al contrari, els tenen amagats, però això no és excusa per no conèixer-se.

Se t'ha acudit mirar-te els genitals en un mirallet? Saps on hi ha el teu clítoris i com és la teva vulva? Els genitals són teus, formen part

---

Sabies que...?

- El clítoris serveix exclusivament per proporcionar plaer sexual a la dona. La seva estimulació adequada és fonamental per arribar a l'orgasme.
- No en totes les relacions sexuals s'arriba a l'orgasme i això és perfectament normal.
- Segons diferents estudis, el 35 % de les dones tenen algun orgasme amb la penetració, però només el 15 % tenen orgasmes en totes es penetracions.

del teu cos igual que la teva cara o els teus braços, és molt important que els coneguis i els cuidis!

Si tens una parella sexual, recorda dedicar temps a les carícies, ja que tocar el cos ajuda a descobrir sensacions, a gaudir, i la teva parella aprèn com t'agrada que et toquin. Molts dels problemes sexuals es relacionen amb la manca de carícies, de joc eròtic previ, de preliminars... I si practiques el coit, recorda que moltes dones per arribar a l'orgasme necessiten l'estimulació del clítoris, sigui directament o bé amb determinades postures que l'estimulen de manera indirecta. Si tu n'ets una, digues-ho a la teva parella. No et deixis vèncer per la vergonya i expressa-ho!

En resum, el que facilita l'orgasme és:

- no obsesionarse con el mismo;
- tener un buen conocimiento del propio cuerpo y de cómo funciona la sexualidad humana;
- la exploración mutua y compartida, el diálogo, la confianza, los pactos y el respeto a los gustos individuales.

«No puc fer-ho amb la meva parella, tinc com una paret a l'entrada de la vagina.» Parlem de vaginisme

El vaginisme és una contracció involuntària dels músculs del terç extern de la vagina, que tanca l'entrada vaginal i impedeix la penetració coital.

A qui pateix vaginisme li és impossible practicar el coit. Les dones que tenen aquest problema estan convençudes que presenten una alteració vaginal, com si tinguessin una paret a l'entrada. Però després d'una exploració, es comprova que no tenen cap problema a la vagina.

Aquestes dones, normalment, tampoc no poden introduir-se un dit a la vagina, ni un tampó, ni fer-se una exploració ginecològica. Desitgen tenir un coit, «ja que això les converteix en normals», però quan ho intenten els envaeix una sensació de por i de perill davant la idea d'una penetració.

Aquest problema produeix molta ansietat a qui el pateix i és més freqüent del que t'imagines; segurament alguna de les teves amigues el té i no ho saps perquè continua fent molta vergonya explicar-lo.

Aquestes persones acostumen a tenir una bona relació de parella i a ser bones amants, gaudeixen del sexe i fan que les seves parelles també gaudeixin, però... no poden tenir relacions coitals.

Quin és el motiu? Són molts els factors que poden influir-hi: la por a l'embaràs, voler conservar la virginitat, por a decebre els pares, missatges alarmistes relacionats amb el dolor de la primera vegada, la repressió sexual i, en ocasions, que cap membre de la parella hagi tingut una experiència sexual prèvia, ni coneixements, sinó que han anat aprenent sobre la marxa, i tots dos tenen el mateix grau d'inseguretat sexual.

Què pots fer?

L'autoexploració és molt important per conèixer els teus genitals i tocar-los. Al començament, potser et costi una mica, però si hi insisteixes i practiques et resultarà més fàcil. Primer prova a introduir un dit a la vagina, però després pots intentar de posar-t'hi un tampó. Si no ho aconsegueixes i si quan ho proves et produeix molta ansietat, aleshores consulta amb un especialista perquè, encara que et sembli impossible, el teu problema té solució i, de fet, és un dels que se soluciona més ràpidament.

També és molt important tenir informació respecte del cos masculí i del femení per identificar els múltiples mites que reforcen el problema: la mida del penis, l'aspecte de l'himen, el dolor... Però ja saps que només són mites.

Recorda que...

- És molt probable que alguna vegada tinguis **problemes d'erecció,** ja que qualsevol distracció, pensament, cansament o preocupació poden provocar-los.
- L'alcohol, el tabac i les drogues poden provocar una **disfunció erèctil.** Evita'ls i podràs gaudir d'una plenitud sexual major, tu i la teva parella.

«No aconsegueixo una bona erecció. I quan sembla que sí, de sobte se m'abaixa.» Parlem de disfunció erèctil

¡Caldria veure les coses que et passen pel cap quan et passa això! «No puc», «no funciono», «no se m'aixeca», «sóc un fracassat»... Vaja, amb tot això al cap, qui es concentraria?

Potser encara no t'has adonat que les teves emocions, els teus sentiments, les teves pors... afecten la teva resposta sexual. A més, hi ha aquella idea que se't repeteix: «això no passa a ningú, almenys a ningú de la meva edat. Tampoc no ho puc explicar a ningú, quina vergonya...». La vergonya només fa que et «preocupis» i no t'«ocupis» de tu. Estaria bé que pensessis en aquesta diferència.

És cert que algunes malalties poden causar una disfunció erèctil, per exemple, la diabetis, una lesió a la medul·la espinal per un accident, l'arteriosclerosi, els fàrmacs antidepressius o antihipertensius i, naturalment, l'abús de l'alcohol, el tabac i les drogues...

Però en la majoria d'ocasions, sobretot en persones de la teva edat, si no hi ha problemes de drogues, que en algun moment experimentis una absència d'erecció total o parcial s'associa a altres motius, moltes vegades relacionats amb la preocupació excessiva per quedar bé amb l'altra persona, amb la por de «fallar» i, en definitiva, amb sentir-te insegur i voler controlar massa l'activitat sexual.

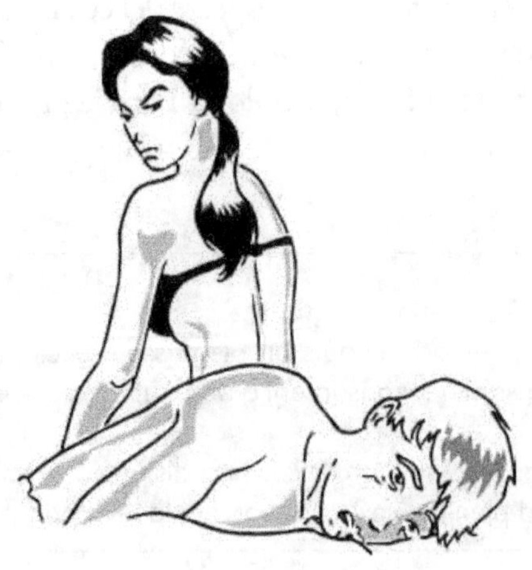

El consum d'alcohol, tabac i drogues perjudica les relacions eroticosexuals. Evitar-ho és fàcil.

La disfunció erèctil és *primària* quan mai no has experimentat una erecció (**són molt importants els factors psicològics** com la culpa, l'ansietat, la depressió, etc.); o *secundària* quan el problema apareix després d'haver tingut una activitat sexual normal. També pot ser *total* o *general,* quan no hi ha erecció en cap circumstància (ni amb una parella, ni amb la masturbació); o *parcial,* quan ocorre de forma intermitent o selectiva, és a dir, que hi ha erecció quan et masturbes, però no quan estàs amb algú.

La majoria de vegades, els problemes d'erecció en persones joves provenen d'una preocupació excessiva en «quedar bé o complir». Això us fa estar massa pendents del vostre penis, i propicia l'aparició de dubtes i preguntes constants que provoquen símptomes d'ansietat: «funcionaré?», «em tornarà a passar?».

Si el que més et preocupa és aconseguir una erecció i et centres només en això, t'atabalaràs, no aconseguiràs mantenir-la ni arribaràs realment a gaudir. És com entrar en un cercle viciós, i cada vegada que iniciïs una relació tindràs més **por al fracàs,** de manera que és possible que fins i tot evitis relacionar-te sexualment amb les persones que t'agraden.

Si vols, podem comprovar-ho d'una manera molt senzilla. Fes aquesta prova: un dia que estiguis molt alterat i no puguis dormir, mira constantment el rellotge, comprovaràs que t'altera més. Com més pensis «no puc dormir», menys dormiràs. Amb el sexe passa el mateix, **si deixes de pensar i gaudeixes deixaràs de bloquejar-te.** Saps que són molts els elements que et poden afectar, però segur que també tens la teva pròpia fórmula per desconnectar-ne.

Què pots fer?

No passa res! Si t'agrada la persona amb què estàs i et centres en seguir sentint i compartint sensacions agradables, el penis, com que tindrà els estímuls adequats, tornarà a entrar en erecció. I si això no passa, potser no sigui el teu dia, però no per això has de deixar d'acariciar o expressar allò que desitges i sents.

La regla de «tot o res» no et permet experimentar el punt mitjà. Pots continuar fins que ho desitgis i un altre dia, en un altre moment, veuràs que tot va millor.

És molt important que expressis els teus dubtes, pors o inquietuds a la teva parella; segur que els comprèn millor del que t'imagines i, a més, així facilitaràs que t'expliqui els seus. I si malgrat tot continues amb el problema, no ho dubtis, consulta un especialista.

«És que no aguanto, m'excito massa.» Parlem d'ejaculació precoç

Segur que alguna vegada has sentit frases com aquestes: «no aguanto», «m'excito massa i acabo ràpid», «no em puc controlar», «per què no puc parar?», «és normal que s'escapi?», «és que ella m'excita moltíssim»...

L'ejaculació precoç és un trastorn que afecta cada vegada més la població masculina.

L'Associació Americana de Psiquiatria la defineix com «l'ejaculació que es presenta abans que la persona ho desitgi». Com veus, en aquesta definició no es menciona quan de temps ha de durar.

Els factors que poden influir en aquest problema són diversos: l'edat, si es té parella estable o no, la freqüència de les relacions... També influeix si no tens experiència, si és la teva primera vegada, si desitges

---

Recorda que...

- Si un alimenta la idea de «no podré» o «fracassaré», té moltes probabilitats que la ment li jugui una mala passada.
- És bastant habitual que passi de manera ocasional; això no ha de preocupar-te. Pot influir-hi el dia que hagis tingut i el teu estat d'ànim. També és molt freqüent tenir una ejaculació ràpida a l'inici de les relacions en parella o amb parelles noves.
- Si el problema persisteix al llarg del temps pensa en acudir a un especialista. Hi ha nombroses tècniques terapèutiques que resulten molt eficaces.

quedar bé, si la noia t'agrada molt o estàs nerviós... Però això no significa que sempre hagis de tenir el mateix problema, ni que siguis un ejaculador precoç. A molts nois joves sense experiència els passa, encara que no ho diuen. A mesura que aprens, confies, expresses, explores, coneixes i vas tenint més relacions et va sortint millor.

Parlem d'ejaculació precoç quan gairebé sempre i quasi en totes les ocasions ejacules abans que tu ho desitgis.

Si et passa mentre estàs amb una parella no significa que t'hagis d'aturar, pots continuar jugant i tots dos aconseguireu gaudir. Ja saps que la penetració no és l'únic ni el més important en una relació sexual.

Potser intentis alguns «trucs» per controlar les teves ejaculacions, per exemple, pensar en altres coses mentre tens la relació, col·locar diversos preservatius per evitar la sensibilitat del gland, masturbar-te abans de la relació, consumir alcohol, etc. Tot això no sols no t'ajuda, sinó que fa que el problema persisteixi i que amb tot plegat augmenti la teva ansietat.

Què pots fer?

Ja coneixes la «regla d'or»: dialoga i comunica't amb la teva parella. Intenta tenir relacions sexuals en llocs adequats i amb temps per davant. La tranquil·litat et farà sentir menys ansietat i estar més pendent de les teves sensacions físiques.

Saber-ne més...

- **La sexualitat no ha de seguir un esquema.** Si ejacules però continues, és possible que tornis a tenir una altra erecció i així continuïs compartint durant més temps l'activitat sexual. Generalment, les noies necessiten més preàmbul (tocaments, carícies, petons... joc) per igualar el ritme en la relació sexual. Però cada vegada més els nois gaudeixen igualment dels preàmbuls i els jocs sexuals.
- **Obtenir una erecció no és sinònim de penetrar i arribar a l'orgasme.** Continua jugant sense obligacions o amb el consens de la teva parella sexual.

Si saps concentrar-te en tu mateix tot serà més fàcil. Si no ho aconsegueixes, reflexiona sobre què t'ho impedeix i parla-ho amb la teva parella.

Aprèn a tocar-te amb ritmes lents, sense buscar una ejaculació ràpida o compulsiva.

«És que no acabo mai.» Parlem d'ejaculació retardada

Reconeixes aquests pensaments?: «per què tardo tant?», «no puc acabar», «no ejaculo», «és que no puc...».

Potser alguna vegada, en el transcurs d'una activitat sexual en la qual sembla que tot va bé, t'hagis trobat que no es produeix l'ejaculació o tarda molt en produir-se.

En realitat, el que ocorre és que estàs massa pendent i controlant la teva resposta ejaculatòria. El fet d'estar «hipervigilant» o massa pendent no facilita deixar-se anar.

L'ejaculació retardada, i fins i tot la falta puntual d'ejaculació, sol ser deguda a causes de caràcter psicològic.

Què pots fer?

Aprèn a concentrar-te en tu mateix, a sentir sensacions físiques per relaxar-te i gaudir en la presència de la teva parella.

Per tenir una bona sexualitat cal estar per un mateix. És això egoisme? No, en absolut. Ens referim a **saber viure el moment** gaudint amb les carícies de l'altra persona. Evidentment, l'altra persona també gaudeix si veu que a tu t'agrada.

Fes una prova: quan estiguis amb la teva parella, demana-li que t'acariciï, però tu no facis res, tu no pots acariciar, només rebre les seves carícies. T'ha costat relaxar-te? Si has pogut gaudir sense alterar-te, enhorabona! Saps concentrar-te en tu, saps desconnectar i deixar-te dur.

Una bona sexualitat significa deixar-se portar perquè confies en la teva parella. La sexualitat és un intercanvi i només funciona quan tots dos sabeu gaudir de la relació sexual.

Si amb tot això no es resol el problema i et continua preocupant, consulta un especiaista en sexologia.

D'altra banda, també és possible gaudir de la relació sexual sense que hi hagi ejaculació perquè el semen no surt per l'uretra. Parlem llavors d'**ejaculació retrògrada.**

L'ejaculació retrògrada la manifesten algunes persones que han tingut lesions medul·lars o han estat operades de pròstata. Descarreguen el semen a l'interior de la veixiga en lloc de a l'uretra. L'erecció i l'orgasme es produeixen igual, l'únic que canvia és que el semen no surt. Es comprova perquè a l'orina hi ha restes de semen.

A mode de resum

Les disfuncions sexuals poden ser provocades per causes psicològiques, físiques i fins i tot mixtes, és a dir, per una barreja d'ambdues. Incloent també la ingestió de fàrmacs i drogues.

A més de les causes són molt importants els factors que hi intervenen: alguns les predisposen, d'altres en precipiten la seva aparició i d'altres les mantenen.

- Entre els **factors que predisposen les disfuncions sexuals** destaquen l'educació restrictiva o inadequada, les experiències sexuals traumàtiques, la mala relació entre els pares, els problemes en el rol psicosexual (es produeixen sobretot en els primers anys de vida), entre d'altres.

Saber-ne més...

- La sexualitat és una font de riquesa des que naixem fins que morim, a més d'una font de salut, plaer i afecte. *Sexualitat no significa «genitalitat».*
- A mesura que creixem i madurem, els comportaments sexuals van adaptant-se a circumstàncies diverses i variades, i es fa patent que la sexualitat no té una mera funció biològica, sinó que és un espai on es combinen l'afecte, l'amor, la intimitat, la sensibilitat, la sensualitat, la creativitat... És important rebre una adequada **educació sexual.**

- Els **factors que precipiten** el problema són la depressió o l'ansietat, així com l'aparició d'un problema en la relació de parella, com la infidelitat o la gelosia.
- I els **factors que mantenen** el problema poden ser la por a la intimitat, l'ansietat, la por al fracàs, la manca d'informació sexual, la culpa...

Parafílies sexuals

De vegades la gratificació sexual no s'obté en l'intercanvi amb la parella sexual, sinó que es produeix a través de fantasies o accions relacionades amb objectes, persones que consenteixen, persones que no decideixen, com nens, o accions que comporten el sofriment o la humiliació d'un mateix o d'un altre.

És a dir, l'excitació només s'aconsegueix mitjançant estímuls que no es consideren «normals». Són les parafílies.

També s'ha de valorar si es tracta d'un delicte (relacions sexuals amb un menor) o és alguna cosa que s'esdevé entre persones adultes que ho decideixen de mutu acord.

Parlar de «normalitat» de vegades resulta difícil, perquè en ocasions els límits són difusos. D'algunes conductes parafíliques en sabem poc perquè, potser per vergonya o per salvaguardar la seva intimitat, les persones no les expliquen. Quan decideixen consultar amb un expert ho solen fer pressionades per la parella o perquè tenen problemes legals.

Heus ací algunes conductes parafíliques:

- quedar-se amb algun objecte o «fetitxe», com per exemple la roba interior d'una altra persona, per fantasiejar i masturbar-se amb aquest objecte;
- necessitar mirar altres persones per excitar-se (el que fa un *voyeur*);
- necessitar exhibir-se públicament i ser mirat;
- utilitzar la dominació o submissió per humiliar o ser humiliat;
- ensenyar els genitals a un estrany;

– fregar-se contra una persona que no ho consent;
– utilitzar animals per obtenir plaer sexual, etc.

Les causes atribuïbles a aquestes conductes són:

– un trastorn de la personalitat;
– la falta d'habilitats per al tracte social amb d'altres persones;
– alteracions biològiques hormonals o localitzades en el lòbul temporal del cervell; tot i que aquestes hipòtesis no estan confirmades.

Les persones que pateixen alguna parafília ho viuen malament, sobretot quan és l'única manera que tenen d'aconseguir excitació sexual. S'aïllen, se senten diferents i, de vegades, viuen la sexualitat des de la culpa i la por.

Sens dubte, necessiten tractament i han de plantejar-se acudir a una teràpia sexual.

Parlem clar: com podem millorar la nostra sexualitat?

El que ajuda molt a resoldre els problemes sexuals és tenir una informació i una educació sexual adequades.

Les creences o mites erronis, l'ansietat, la por, la culpa, el desconeixement del propi cos i del de l'altre o estar massa pendent del funcionament de la resposta sexual, idees com «a més edat, menys gaudi sexual», «sense orgasmes ni ejaculació la sexualitat no existeix», «la sexualitat és coit», etc., són elements que faciliten l'aparició de disfuncions sexuals.

S'han de deixar de banda les idees preconcebudes sobre el sexe i viure el present des del mutu acord, parlant-ne. I, és clar, deixar també d'avaluar-se constantment un mateix o l'altre respecte a l'activitat sexual.

El sexe vàlid és aquell que és gaudit per tots dos. L'obligació de tenir activitat sexual, tant si és incitada per la parella com forçada per un mateix, no es considera una relació sana.

A continuació, et proposem un sèrie de pautes per treure el major profit possible a la teva sexualitat.

- Busca un lloc relaxat i segur per dur a terme l'activitat sexual, les presses no són aconsellables.
- Utilitza mètodes anticonceptius per prevenir les infeccions de transmissió sexual, només així estaràs completament segur/a i podràs concentrar-te en el teu gaudi.
- Dóna't la possibilitat de conèixer l'altre i que et conegui poc a poc, des de la pell.
- Si hi ha desacord en les pràctiques sexuals que vols realitzar amb la teva parella, pensa sempre en el respecte i la consideració mutus.
- Tingues la confiança de parlar dels teus desigs.
- Entretén-te en les carícies, les sensacions, el contacte. Gaudeix del joc.
- Utilitza les fantasies que ensenyen i dinamitzen la sexualitat.
- Deixa de banda les preocupacions i considera la intimitat un espai necessari per obtenir una major qualitat de vida.
- L'exercici regular o dormir una mitjana de 8 hores diàries contribueixen a un millor funcionament orgànic.
- La sequedat vaginal pot compensar-se amb l'ús de lubricants i millorar les respostes habituals.
- «La funció fa l'òrgan»; segons sembla la freqüència de l'ús dels genitals en millora el funcionament físic.
- La relació sexual, a més d'un dret, és un sentiment d'autovaloració, de sentir-se estimat, estimar l'altre, compartir i estar pròxim a una altra persona.

Sexe i drogues

Les drogues modifiquen la conducta de les persones: l'estat d'ànim, la percepció de les situacions i de les coses, el judici o el funcionament del cos... En un primer moment et fan sentir bé, per això són tan atractives. Però les drogues produeixen tolerància, i això significa que com més les consumeixes més dosis en necessites per obtenir els mateixos efectes. És el que es coneix com efecte de tolerància. Aquesta atracció i aquesta tolerància faciliten un ús continuat de les drogues que s'acaba convertint en una dependència o addicció.

De manera molt general, les classificarem en tres tipus:

- **Drogues depressores del sistema nerviós.** Adormen el cervell, fan que funcioni més lentament i li costi més pensar. En aquest grup trobem l'alcohol, els opiacis com l'heroïna i la metadona, els tranquil·litzants i els hipnòtics.
- **Drogues estimulants del sistema nerviós.** Acceleren el funcionament del cervell. Els consumidors se senten més actius. Provoquen insomni o hiperactivitat. Aquí s'inclouen les amfetamines, la cafeïna, la cocaïna o la nicotina.
- **Drogues al·lucinògenes.** Alteren el sistema nerviós central, produint distorsions perceptives i al·lucinacions acústiques o visuals. Pertanyen a aquest grup el LSD (àcid lisèrgic), la mescalina, alguns fongs, derivats del cànnabis com l'haixís, la marihuana o la resina i les drogues sintètiques i els seus derivats (les pastilles).

Algunes persones recorren a les drogues perquè creuen que faciliten les habilitats de relació amb els altres. Però cal saber divertir-se sense haver-hi de recórrer. Els seus efectes són progressius i mai no t'adones que estàs «enganxat», tens la sensació que controles perquè il·lusament creus que només consumeixes quan vols, els caps de setmana, per exemple... Però t'enganyes, perquè cada cap de setmana necessites consumir. La pressió del grup d'amics pot ser molt important, però ja saps que qui acaba tenint el problema és un mateix i la seva família. Si et trobes en aquesta situació, el millor és canviar d'amics i d'entorn.

Si a més estàs deprimit, les drogues accentuaran el problema i faran que t'enganyis a tu mateix proporcionant-te una sensació de «fals paradís». No et refiïs si a d'altres sembla que se'ls posa bé, ja que les drogues actuen de manera diferent en cada persona; només coincideixen en el fet que sempre, a curt, mitjà o llarg termini, fa mal a tots. A això cal afegir que moltes vegades es comercialitzen drogues molt adulterades, la qual cosa comporta uns efectes encara més perjudicials del que puguis imaginar-te.

I si parlem de sexe, les drogues i el sexe són una combinació nefasta. Molts dels problemes sexuals dels joves, per exemple els problemes d'erecció, d'ejaculació precoç, de falta d'orgasme o d'excitació sexual, es deriven de les drogues.

Continuen els mites que relacionen drogues i plaer sexual

No és un mite sinó un fet contrastat: les drogues interfereixen negativament en la resposta sexual i psicològica de qualsevol persona.

L'**alcohol**, tan tolerat socialment, es confon amb un estimulant o excitant sexual, però en realitat produeix efectes negatius sobre els senyals fisiològics d'excitació sexual. En concret, en les dones dificulta la resposta orgàsmica i en els homes dificulta l'erecció i, amb això, la penetració i el coit. Si un té una mala experiència, l'alcohol pot generar-nos una sensació de malestar o de fracàs que ens faci preocupar pel nostre funcionament sexual després d'aquesta experiència. A més, si beus de forma continuada pots patir trastorns endocrins i vasculars que reduiran encara més la teva resposta sexual.

La **marihuana** també és un depressor. Moltes persones creuen que el seu efecte relaxant ajuda a combatre l'ansietat quan es manté una relació sexual. És més suggestió que realitat, encara que sí que és cert que té un efecte inhibidor. A curt termini pot provocar un desinterès per la sexualitat. En algunes dones disminueix la lubricació vaginal, la qual cosa produeix més dolor en cas de penetració. A llarg termini produeix irregularitats en la menstruació, redueix la producció d'esperma, altera el bon desenvolupament de l'embrió, etc.

L'abús del **tabac** també pot produir o accentuar els problemes d'erecció, sobretot si s'és fumador i es pateix arteriosclerosi. A més, provoca halitosi o mal alè, la qual cosa constitueix una subtil barrera social i no parlem de la relació de parella.

L'**heroïna** i **altres opiacis** retarden l'ejaculació, fan perdre l'erecció i les dones perden l'interès per la sexualitat.

La **cocaïna** provoca impotència i treu interès per l'acte sexual. Fregar els genitals amb aquesta substància no estimula, més aviat al contrari, perquè en medicina s'usa com anestèsic local; el que passa és que els seus efectes eufòrics alteren la percepció que tenim de les coses i ens fan passar de l'eufòria a moments de depressió.

Internet i la sexualitat

Com segurament ja saps, a «la xarxa de xarxes» es pot trobar molta informació i nombrosos serveis relacionats amb la sexualitat.

Algunes pàgines web faciliten informació sobre la sexualitat de manera monogràfica; estan creades per institucions, associacions de professionals, empreses o persones a les quals interessa aquesta temàtica. La majoria tenen diferents capítols on s'expliquen qüestions relacionades amb la sexualitat, similars a les que has trobat en aquest llibre i, fins i tot, disposen d'un consultori sexològic virtual, on es resolen dubtes de manera personalitzada o es publiquen anònimament les preguntes més freqüents amb les seves respectives respostes.

També hi ha llocs més genèrics que informen, entre d'altres temes, sobre sexualitat. Solen estar destinats directament a algun col·lectiu

A internet pots ampliar els teus coneixements sobre sexe i sexualitat, però has de seleccionar bé la font i tenir clar què busques.

(joves, dones...), o bé tracten altres matèries relacionades amb la sexualitat i introdueixen apartats i articles sobre aquest tema.

Cal distingir els llocs comercials que promocionen productes (cremes, preservatius...) i determinats tractaments o aparells, d'aquells dedicats exclusivament a pornografia, que inclouen fotografies, vídeos, webcams i contactes.

L'important quan navegues per internet és seleccionar bé la font i tenir molt clar què estàs buscant.

Un altre servei que ofereix internet són els xats. Aquests espais oberts et donen l'oportunitat de conèixer moltes persones, i nombroses parelles s'han format en els últims anys a partir de converses virtuals. Ara bé, desconèixer la realitat veritable de la persona que és a l'altra banda de la xarxa pot ocasionar conseqüències greus, entre elles l'abús de nens i d'adolescents.

Annex I
Infeccions de transmissió sexual en l'adolescència

Les infeccions de transmissió sexual (ITS) són aquelles malalties infeccioses en què la transmissió sexual revesteix una importància epidemiològica, malgrat que en algunes aquest mecanisme de transmissió no és el més important.

Durant els últims vint anys s'ha produït un gran canvi en les ITS; hem passat de les cinc malalties clàssiques: sífilis, gonocòccia, limfogranuloma veneri, xancroide i granuloma inguinal, a les ITS descrites en l'actualitat.

Avui dia, l'espectre de les ITS és representat per diversos quadres clínics: vaginitis, cervitis, malaltia inflamatòria pèlvica (MIP), uretritis, esterilitat, hepatitis, càncer, immunosupressió i moltes altres.

En les noves ITS, els virus tenen un paper fonamental. Això imposa una primera reflexió sobre la manca de curació d'algunes d'aquestes malalties, que poden arribar a produir la mort, i per tant sobre la gran importància de la prevenció.

Les ITS constitueixen actualment la primera causa de malalties infeccioses en molts països. La seva distribució geogràfica no és homogènia; la gonocòccia i la sífilis, per exemple, es troben en un franc descens als EUA i Suècia, a Espanya es mantenen estables i, en canvi, en altres països en vies de desenvolupament tenen un caràcter epidèmic. L'aparició de la sida ha produït en el món desenvolupat un descens d'altres ITS com la sífilis, l'hepatitis o la gonocòccia rectal.

Factors que influeixen en les ITS

L'edat, el sexe, l'origen ètnic, les conductes sexuals, la situació socioeconòmica, l'educació, les actituds i els comportaments, els problemes de diagnòstic i el tractament, són factors que influeixen en les ITS.

Respecte a l'edat, els adolescents constitueixen un dels grups de major risc. Les relacions sexuals primerenques, la inexperiència, l'espontaneïtat i les característiques pròpies del seu comportament sexual, així com la dificultat d'accés al sistema sanitari, entren en contradicció amb la necessitat de prevenció de les ITS.

En els últims anys, diferents estudis coincideixen en considerar els adolescents com un grup de comportament de risc en relació amb les ITS. Aquests estudis certifiquen una major prevalència de gonocòccia i tricomoniasi en els adolescents que en la població adulta, i el mateix passa amb l'herpes genital tipus II.

Als EUA del 16 al 20 % de les malalties inflamatòries pèlviques diagnosticades es produeixen en adolescents.

Enumerem a continuació alguns dels factors que «semblen» influir en el major risc de contraure ITS per part dels joves:

- En les noies joves, a causa de les seves característiques hormonals, l'epiteli del cos uterí (cèrvix) és més sensible. Per això, poden agafar malalties de transmissió sexual més fàcilment que les dones adultes i, indiscutiblement, amb molta més facilitat que els nois.
- Els adults semblen tenir un sistema immunològic més resistent a l'acció de determinats patògens, i presenten un menor nombre d'infeccions per exposició.
- El tabac, l'alcohol, les drogues i els coits a edat precoç, semblen accentuar el risc de patir ITS, però no sabem si per si mateixos o per les conductes que segueixen els joves en el moment de tenir relacions sexuals.
- El mètode anticonceptiu escollit també pot influir: els únics mètodes protectors enfront les infeccions de transmissió sexual són els preservatius masculins i femenins.
- El moc cervical és lubricant i constitueix una barrera natural de protecció. La secreció i les característiques del moc varien segons la secreció hormonal, el mateix que passa amb la mucosa vaginal. En les joves, el cicle menstrual i la secreció hormonal varien molt, sens dubte pel procés de desenvolupament en el qual el seu cos està immergit; això podria facilitar els contagis.

Respecte als problemes que sorgeixen en el diagnòstic i el tractament posterior de les ITS, trobem els següents:

- El quadre clínic és poc demostratiu i específic, moltes vegades fins i tot asimptomàtic.
- Es busca el tractament potser massa tard.
- Sovint, les infeccions que es presenten posseeixen una etiologia mixta.
- Generalment, les ITS tenen conseqüències més greus per a les dones i els seus fills.
- Sovint cal examinar també la parella, emetre un diagnòstic i recomanar un tractament simultani per a tots dos.
- Algunes espècies bacterianes són molt resistents i resulta difícil eliminar-les.
- Els tractaments perllongats presenten un alt índex d'abandonaments.

ITS en el nostre medi

Malgrat que les infeccions de transmissió sexual són de declaració obligatòria a Espanya, el registre insuficient dels casos detectats fa molt difícil valorar quina és la situació actual.

Heus ací una classificació dels microorganismes productors d'ITS:

- Bacteris
  - *N. Gonorrhoea.*
  - *Clamidia trachomatis.*
  - *Treponema pallidum.*
  - *Haemophylus Ducreii.*
  - *Microplasma hominidis.*
  - *Ureaplasma Urealyticum.*
  - *Shigella sp.*
  - *Campylobacter sp.*
  - *Streptococ grup B.*
  - *Gardnerella vaginalis.*
  - *Mobiluncum sp.*

- Virus
  - *Virus herpes I i II.*
  - *Citomegalovirus.*
  - *Virus hepatitis B.*
  - *Virus del papil·loma humà (HPV).*
  - *Virus del moluscum contagiós.*
  - *Virus d'immunodeficiència humana (VIH) o sida.*

- Protozous
  - *Entamoeba hystolitica.*
  - *Giardia Lamblia.*
  - *Tricomonas vaginalis.*

- Fongs
  - *Candida albicans.*

- Ectoparàsits
  - *Phthirus pubis.*
  - *Sarcptes scabiei.*
  - *Phthirus pubis* (polls).
  - *Sarcoptes scabiei* (sarna).

Els patògens productors de **vulvovaginitis** són els responsables de les ITS que ens trobarem amb major freqüència: vulvovaginitis per càndides, per tricomoves i vaginosi bacteriana produïda sobretot per *gardnerella,* encara que també poden provocar-la el *mobiluncus* o el micoplasma.

Clínica	*VVC*	*VT*	*VB*
Picor viva	+++	++	0
Leucorrea	++	+++	++
Vulvitis	+++	+	0
Cervicitis	p. blancs	p. roigs	0

Característiques del flux:

Tipus	*VVC*	*VT*	*VB*
Color	Blanc	Verd	Gris
Aspecte	Espès	Escumòs	Acuòs
Consistència	Adherent	Lletòs	Fluid
pH	4,5-5	-5	+4,5

Infeccions gonocòcciques

Són produïdes per la presència d'un microbi patogen (gonococ) a l'organisme. El seu període d'incubació és de dos a cinc dies i es manifesta de manera diferent en homes i dones.

En l'home

Es caracteritza per una inflamació aguda de la mucosa amb secreció per l'orifici uretral eritematós, acompanyada de picor viva i d'una sensació de cremor. A mesura que el procés s'estén cap a la part posterior dels genitals, van augmentant els símptomes, la mucosa esdevé verdosa i espessa i s'experimenta dificultat a orinar (disúria); pot fins i tot aparèixer una gota de sang al final de la micció, constatar-se alguns episodis de febrícula i d'erecció dolorosa.

En la dona

La localització més freqüent del gonococ és en l'endocèrvix. La infecció pot passar desapercebuda, encara que en ocasions pot produir secreció vaginal grocverdosa, dolor en orinar o picor vaginal.

També es localitza en l'uretra, presentant una simptomatologia idèntica a la de l'home.

La vulvovaginitis gonocòccica en les nenes té habitualment el seu origen en objectes, robes o tovalloles tacats amb flux de mares malaltes, encara que no es descarta l'abús sexual.

L'epiteli vaginal de les nenes no és tan resistent com el de les dones adultes; les primeres poden manifestar una gran tumefacció de la mucosa vulvar, roja, coberta d'espessa secreció purulenta, coïssor durant la micció i alteracions de l'estat general amb quadres febrils. Quan la infecció es converteix en crònica les molèsties són escasses.

Complicacions

En l'home, les infeccions gonocòcciques poden derivar en prostatitis, epididimitis i cistitits.

La dona pot desenvolupar una bartholinitis o una anexitis.

Existeix, a més, la gonocòccia extragenital, que afecta per igual els dos sexes, i que pot ser oftàlmica, rectal o estar disseminada; aquesta última es caracteritza per presentar quadres febrils, astràlgies, artritis (sobretot de grans articulacions) i lesions cutànies.

Sífilis

En els últims anys se n'ha constatat un notable descens coincidint amb l'aparició de la sida.

La sífilis és més freqüent en barons joves. Ha disminuït de forma considerable entre els barons homosexuals, tot i que continua essent aquest col·lectiu el que en presenta major prevalència.

Des que una persona es contagia fins que podem detectar la infecció en una anàlisi de sang solen passar de tres a quatre setmanes. Els primers símptomes (sífilis primària) apareixen entre les vuit i les dotze setmanes després del contagi. Si no es tracta la infecció, entre els sis o vuit mesos següents apareix el que anomenem sífilis secundària, i si no la tractem mèdicament en aquest moment, en el termini de deu a trenta anys sol aparèixer la sífilis terciària, que acostuma a provocar la mort.

– **Sífilis primària.** Xancre sifilític. Indolor i indurat al tacte amb adenopatia regional. Sol ser unilateral, format per diversos ganglis indolors, durs i rodadors, entre els quals sempre en destaca un de més gran.

En la dona sol ser difícil veure el xancre per la seva possible localització en el cèrvix o la vagina.

– **Sífilis secundària.** Es caracteritza per cefalees, febrícula, poliadenopaties, dolors articular, astenia i afectació cutaneomucosa. Hi ha un gran risc de contagi.

– **Sífilis terciària.** Pot aparèixer en el 30 % dels pacients i tenir caràcter maligne o benigne. La sífilis benigna correspon a la cutàneomucosa i a l'òsea, i la maligna a la visceral, vascular i nerviosa.

– **Sífilis congènita.** Generalment, és prenatal, el fetus la desenvolupa durant l'últim trimestre de gestació.

VPH. Virus del papiloma humà

Es coneixen diversos serotips, que s'associen generalment a condilomes acuminats; el serotips 16, 18, 31 i 33 s'associen amb lesions de major potencial maligne.

Les manifestacions clíniques es produeixen en el lloc de la infecció; inclouen des de lesions subclíniques fins a lesions sèsils d'aspecte exofític. Pot produir-s'hi sobreinfecció o també poden anar acompanyades de signes de vaginitis inespecífiques. Presenten una localització múltiple i tenen especial rellevància en la lesió de cèrvix, condiloma pla.

La localització anal i genital en els infants sol associar-se amb abusos sexuals.

En els nounats es localitza a la laringe durant el part; s'anomena papilomatosi latíngea.

Aquesta infecció té cada vegada major prevalència en el nostre medi, i constitueix el factor de major pes en la gènesi del carcinoma cervical. Pròximament es disposarà d'algunes vacunes per prevenir aquesta infecció, que es començaran a administrar en noies abans que iniciïn les relacions sexuals coitals.

VH simple

Penetra a través de la mucosa amb microtrumes, i roman en estat latent en els ganglis sacreilíacs.

Produeix lesions vesiculars en l'aparell genital.

Té una clínica molt aparatosa, que inclou disúria, pruïja, cremor vulvar i vaginal.

És molt recidivant, cursa en brots i produeix molt malestar en el pacient.

Alguns dels factors que activen el virus VH són: l'estrès, la menstruació, el coit traumàtic, una infecció, el fred, la calor, les alteracions hormonals, etc.

El VH pot actuar com a cofactor en la gènesi del càncer de cèrvix.

Malaltia inflamatòria pèlvica (MIP)

A Espanya és una malaltia que augmenta i n'hi ha una àmplia franja en nul·lípares menors de vint-i-cinc anys, dones que encara no han parit.

Presenta una etiologia polimicrobiana. Entre els agents causants destaquen la clamídia, el gonococ, els micoplasmes i la *gardnerella*.

La incidència de clamídia i gonococ varia segons la població estudiada.

Els gèrmens poden ascendir des de la vagina per tres mecanismes:

- mitjançant les tricomones,
- l'esperma,
- o per l'acció de les contraccions uterines.

Els factors de risc contrastats són: l'edat, la promiscuïtat i l'anticoncepció; a més de l'abús del tabac, la cocaïna i altres drogues.

La predisposició de les adolescents a les MIP es relaciona amb els hàbits sexuals i amb la falta d'accions davant d'aquests patògens.

Actualment, es qüestiona el paper protector dels anticonceptius hormonals orals (AHO) i del DIU.

Com a seqüel·les fonamentals destaquen l'esterilitat i els abscessos tub ovàrics.

Prevenció i futur

Per prevenir en un futur aquestes i altres ITS, cal dur a terme un pla urgent de xoc, que inclogui aspectes com els següents:

- Tenir millor i més completa informació i educació sanitàries.
- La detecció precoç, on l'anamnesi constitueix un element clau.
- La prevenció del VIH. Fins a l'aparició de la sida, les estratègies d'abordatge de les ITS eren el diagnòstic, el tractament i la recerca de contacte; ara totes les estratègies es basen en la prevenció del VIH, i amb això s'incideix en les altres.
- La formació continuada dels professionals sanitaris.
- L'educació per a la salut en l'àmbit escolar.
- La declaració sistemàtica i rigorosa dels casos detectats.
- La investigació en vacunes efectives.

Annex II
Llocs web d'interès

Informació general sobre sexualitat

www.inexbcn.com: informació sobre sexualitat, psicologia, ginecologia i planificació familiar. També té consultori, fòrum i xat.

www. abcsexologia.com: articles, recursos i consultori sobre sexualitat.

Informació sexual per a jóvenes

www.fpfe.org/guiasexjoven: recursos de tot Espanya sobre sexualitat o anticoncepció per a joves.

www.centrojoven.org: lloc del Centro Joven de Anticoncepción y Sexualidad de Madrid.

www.centrejove.org: lloc del Centre Jove d'Anticoncepció i Sexualitat.

www.querote.org: lloc del Centro de Asesoramento Afectivo-Sexual para mocidades (en gallec).

www.sexoconseso.com: lloc de la Plataforma Joven (integrada per Cruz Roja Juventud, la Sociedad Española de Contracepción, la Federación de Planificación Familiar de España i l'Asociación de Educación para la Salud).

www.goxoki.com: informació sobre sexualitat i anticoncepció juvenil.

www.sexejoves.gencat.net: informació sobre sexualitat i anticoncepció per a joves.

Orientació sexual

www.cogailes.org: lloc de la Coordinadora Gai-Lesbiana. Conté un apartat de la seva Asociació Grup Jove.

www.cogam.org: lloc del Colectivo de lesbianas, gays, transexuales y bisexuales de Madrid.

www.fundacióntriangulo.es: lloc de l'ong Fundación Triángulo. Conté informacions per a joves i consultori sobre sexualitat.

www.colegaweb.org: lloc de diferents associacions que treballen per la igualtat de lesbianes, gais, bisexuals i transsexuals en diferents punts d'Espanya.

www.lambdaweb.org: lloc del Casal Lambda.

Píndola del dia després

www.informateya.com: informació sobre la píndola de dia després.

Sida

www.fase.es: lloc de la Fundación Anti-Sida España.
www.sidastudi.org: lloc de l'ong Sidastudi.
www.sidasaberayuda.com: lloc de la Fundació La Caixa (castellà, català, gallec i euskera).
www.aides.org: lloc de l'Asociació Francesa contra la Sida. Té animacions molt interessants (francès i anglès).

Educació sexual

www.xtec.es/-imarias/sexaf.htm: una proposta per a l'ESO i recursos a internet.

Interrupció voluntària de l'embaràs

www.acaive.com: lloc de l'Asociación de Clínicas Acreditadas para la Interrupción del Embarazo.

Violència de gènere

www.malostratos.com: lloc de la Comisión para la Investigación de Malos Tratos a Mujeres. Conté documents, protocols i contactes (telèfons gratuïts) d'interès sobre la violència de gènere.
www.porlosbuenostratos.org: lloc del projecte Por los buenos tratos de l'ONG Acción Alternativa, que intenta fer front als mals tractes posant l'accent en allò positiu, en els bons tractes entre les persones i particularment, en les parelles.

Joguines sexuals

www.tappersex.es: informació i assessorament per professionals de la sexologia sobre joguines sexuals.

Sexologia

www.fess.org.es: lloc de la Federación Española de Sociedades de Sexología (representa més de mil sis-cents professionals de la sexologia i a vint-i-cinc societats de tot Espanya).